●情報公開・個人情報

●市民参加・協同

●総務

●財政

●その他

●議会

●選挙結果

自治体情報誌

ディーファイル

3下

2022

イマジン出版株式会社

過疎自治体 初の半数超え

総務省が人口減少率などに基づき「過疎地域」に指定する自治体が2022年度に885市町村となり、1970年の制度開始以来初めて全国1718市町村（東京23区除く）の半数を超えることが分かった。4月1日付の官報で公示される。

65地域追加 885市町村に

過疎地域は、40年間の人口減少率が28％以上などの人口要件と、財政力指数が全市町村平均の0・51以下となる財政力要件を満たした場合に指定される。

今回は2020年の国勢調査結果を踏まえ、新たに27道府県の計65市町村が追加される。全域が指定されるのは北海道富良野市、山形県上山市、熊本県人吉市など36市町村。一部地域が指定されるのは福島県須賀川市、長野県上田市、沖縄県南城市など29市町だ。首都圏でも、埼玉県の長瀞町、ときがわ町、皆野町が指定され、千葉県では九十九里町の全域や、匝瑳市、山武市などの一部地域が指定される。

指定された自治体は、国の財政措置の対象となる。国が元利償還金の7割を地方交付税で負担する過疎対策事業債（過疎債）の費用として、総務省は22年度当初予算案に5200億円を計上した。予算規模は10年間で約1・8倍に増え、過疎対応の財政負担は年々増している。

読売22・3・22

過疎94市町村で「転入超過」

総務省は24日、約700ある過疎市町村のうち94市町村は、2021年に転入者が転出者を上回る「転入超過」だったとの集計を公表した。移住者の呼び込みや、子育て支援に力を入れた影響とみられる。東京一極集中に陰りが見える中、人口分散の流れを加速できるかどうかが今後の課題となる。

過疎対策の検討に役立てるために集計し、有識者会議に示した。今年4月以降、管内全域が過疎法に基づく過疎地域となる713市町村が対象。転入超過数が最も多かったのは大分県豊後高田市の145人で、高知県香美市の125人、鹿児島県東串良町の107人が続いた。最少は新潟県粟島浦村などの1人。

総務省は過疎自治体を抽出し、取り組みを尋ねるアンケートも実施。それによると、10人の転入超過だった山口県阿武町は、空き家を改修して移住相談や交流の拠点を開設した。42人の北海道上士幌町は、高校生までの医療費無料化や賃貸住宅の整備に取り組んだ。

人口増の理由として、大型公共事業に伴う工事関係者の居住や、技能実習生の受け入れを挙げる自治体もあった。

人口減少が進んでいる自治体に対しては、過疎対策の課題を聞いており「地域リーダーの育成ができていない」「新たな取り組みに対して住民の理解を得るのが難しい」などの声が寄せられた。

有識者会議では、座長を務める明治大の小田切徳美教授が「過疎地域の間で大きな格差が生まれている」と指摘。委員からは、女性の雇用創出や子育て施策の充実、人材育成などが重要との意見が出た。

西日本22・3・25

地域おこし隊 6千人突破 21年度

京都49人 地方移住、関心高く

総務省は18日、2021年度に活動した「地域おこし協力隊」の隊員数が前年度比541人増の6005人となり、初めて6千人を超えたと発表した。隊員は地方で一定期間暮らし、活性化に取り組む。人数の増加は、新型コロナウイルス禍により地方移住への関心が高まっていることの裏付けと言えそうだ。

都道府県別に隊員の受け入れ人数を見ると、北海道が821人で最も多く、長野428人、高知255人、福島243人と続いた。京都は49人、滋賀は34人だった。受け入れた自治体の総数は、前年度より20多い1085で、過去最多となった。

隊員は若い世代が多い傾向が続いており、21年度も20代と30代で全体の3分の2を占めた。男女比は前年度と変わらず、男性59・3％、女性40・7％だった。

任期終了後に赴任先か近くの自治体に定住したのは、21年3月末時点で累計5281人。飲食業や宿泊業を始めて暮らしているケースが多い。定住者は隊員経験者全体の65・3％を占め、地方移住者の増加に一役買っている。

協力隊は09年度に始まった。隊員は原則1～3年の任期中、地場産品の開発や農林水産業、住民の生活支援などを担う。

総務省は24年度の隊員数を8千人にしたい考えで、21年度には体験制度を拡充。新型コロナの影響で活動が制約されたことを踏まえ、19～21年度に任用された隊員の任期を最長2年間延長できる特例を22年度から設ける。このほか自治体に財政支援して受け入れを後押ししている。

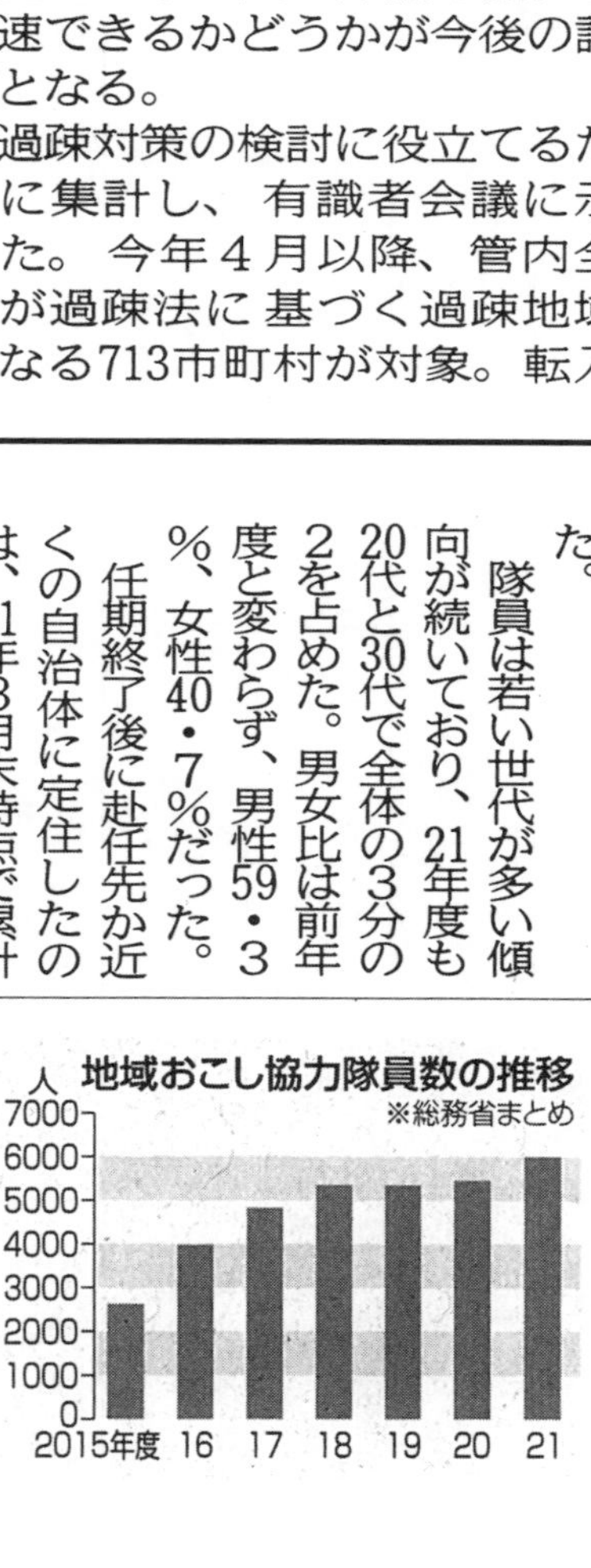

京都22・3・19

八百津町全戸にタブレット配布

防災、生活情報を図面や音声で配信

県内初、来月から　高齢者への普及課題

加茂郡八百津町が、町内の全世帯にタブレットを1台ずつ無料配布し、防災情報やイベント案内などの生活情報を発信する「やおつーしん」を4月1日から始める。全戸にタブレットを配布する取り組みは県内初で、紙媒体や音声とは違い、身近な情報をいつでも手軽に得られるよう利便性を高める。現在、試用期間として情報配信を始めているが、タブレットを使いこなせない高齢者もおり、運用には課題も残っている。

（岡部導智賢）

配信情報は多岐にわたる。雨量は10分ごとに24時間更新し、建物、林野火災が発生すれば、速報して現場の地図も示す。特別警報発令や避難所開設などの情報は最大音量で知らせる。一方で、自治会を通して配布される町からの回覧文書など、身近な情報も配信されるほか、カレンダーのアイコンをタッチすれば、ごみの回収日や健康診断実施日などが示される。

町の約4200世帯のうち希望者に配布しているが、強制ではないため、3月18日時点で配布できたのは約75％の3119台。町防災安全室の岩井好正室長は「使い方が分からないため受け取らない人や、タブレットと聞いただけで拒絶感を示す人もいる」と話す。

既に配布された同町久田見の男性(72)は、画面の「新しいお知らせがあります」とのメッセージに気付き、画面をタッチした。内容はコロナの最新情報や広報誌。過去に届いたお知らせを見ることもできるため、男性は「使い慣れれば便利」と話す。操作方法は小学3年生の孫に教えてもらった。メイン画面は文字が大きくシンプルだが「1人暮らしの80代、90代が操作するのは無理かなあ」と話した。

町は各地で使い方の講習会を開いたり、民生委員に受け取りを呼び掛けてもらうなどの対応をしており、4月の正式稼働後も全世帯導入を目指して普及に努める。岩井室長は「まずは一度タブレットに触れてほしい。使い勝手の良さや利便性が分かるはず」と呼び掛ける。

町はこれまで、音声だけのアナログ防災行政無線受信機を全世帯に設置していたが、9月末で終了する方針。屋外拡声器での放送は続ける。町総務課の石井寿人課長は「10月が転換期。それまでに導入率を上げる必要がある」と話した。

「やおつーしん」の機能を説明する岩井好正防災安全室長＝加茂郡八百津町役場

岐阜22・3・24

数字で見る山形 解説

県、HPに統計分析結果

第1弾「消費力」

山形県は、国や県がまとめた統計データを分析して県内の現状や課題を考察する「やまがた地域・経済レポート」を初めて発行した。県の公式ホームページで2日から公開している。発行は年4回程度の予定で、初回は「消費力」をテーマに2019年の勤労者世帯平均で全国1位と高い水準にある消費支出の理由を読み解いた。

「レポート」では15年の国勢調査などを分析した。1人当たりの賃金水準は全国平均の8割程度にとどまるものの、共働き世帯割合が全国2位と女性を含む労働人口の層が厚く、老後の年金受給の多い点に着目。全国一の3世代同居率により世帯ごとの可処分所得が上積みされ、消費水準も向上していると結論付けた。

消費力の高さを強調する一方で、仙台など都市圏への流出を意識し「県外での消費に回る分が増えれば県内経済への波及効果は弱まる。県内できちんと受け止めることが重要だ」とも指摘した。次回は消費の行き先について考察する予定。

県によると、リポート形式での発行は東北では福島県に次いで2例目。県統計企画課の荒木公一課長は「庁内で活用していた統計の分析結果を分かりやすい形で県内外に発信することで、山形の姿を知ってもらいたい。進出企業の市場調査の参考にもなれば」と意義を語った。

河北（山形）22・3・17

美郷町は「長寿県長寿町」

商標登録「美肌」とともにPRへ

美郷町は、「長寿県長寿町」の名称の商標登録を特許庁に出願し認められた。100歳以上の人口割合が全国で最も高い県の中でも、同町は市町村別で常に上位に入っている。温泉にちなんで2019年に登録した「美肌県美肌町」とともに、町をPRするキャッチフレーズとして活用する。

食品や化粧品、農作物などを販売する際に文言を使って宣伝できる。町民の健診受診率を高める取り組みにも生かす。2月から10年間有効となる。

町によると、町内の100歳以上の高齢者は昨年9月時点で16人。人口10万人当たり換算の人数は、県内で西ノ島町に次ぎ多かった。20年度も吉賀町に次いで2番目だった。嘉戸隆町長は「健康長寿は世界に発信できる。健康づくりを進めるスローガンにもしたい」と話している。

（鈴木大介）

中国（島根）22・3・17

熊本22・3・23

那須良輔の生涯知って

湯前町が漫画本制作

那須良輔の生涯を描いた漫画「風を描く人」

「マンガの町づくり」で知られる湯前町が制作していた町出身の風刺漫画家・那須良輔（1913～89年）の生涯を描いた漫画本「風を描《か》く人」が完成し、22日に発表会があった。

完成した漫画本を手に持つ田渕亮子さん（前列右から２人目）ら＝湯前町

那須は32年に、洋画家を志して上京。戦後は、鋭い観察力を生かした痛烈な政治風刺漫画で地位を確立した。軟らかなタッチの静物画や風景画も描くなど多才だった。

漫画本は少年時代、軍隊時代を含め5章で構成。3度にわたる徴兵を不公平と感じたことが政治風刺漫画につながったことなど数々のエピソードが盛り込まれている。

町は作品や資料を保存・展示する「湯前町まんが美術館」の開館30周年を記念し、独自のまちづくりのきっかけになった那須の生涯を再認識してもらおうと、昨年7月から制作していた。B6判、105ページで2千部を印刷。町内の全小中学生に配布し、授業で活用するほか、町のホームページでも全編を公開している。

発表会には長谷和人町長らが出席。長女の田渕亮子さん(80)＝東京都あきる野市＝は「愛するふるさとで漫画が作られて、父は何事にも代え難く、喜んでいると思います」と思いを代弁した。

（井田真太郎）

ヤートは語る

AR NIKKEI

店休業

昌彦教授）

省庁がデータの削除やリンク先URLの変更をした場合、システムに反映せず放置するとアクセス不能が生じる。民間エンジニアは「オープンデータを使ってアプリを作ると手動のメンテナンス

ジメントする意識が根付いていない」と話す。内閣官房によると地方自治体の約4割はオープンデータを扱う職員すらいない。首都圏の市幹部は「データの必要性を理解してもらえず予算がつかない」とこぼす。

海外では成功例が増える。米スタートアップのシンデステは米海洋大気局の気象情報など20以上のデータを利用し洪水リスクを推定する事業を伸ばす。世界で4千万回以上ダウンロードされた健康管理アプリ「ルーズイ

ット！」は米農務省の食品カロリーのデータを使い肥満防止を促す。

スペインのバルセロナ市は車両の通行制限エリアを設ける際に反対が相次ぐと、交通量や環境のデータを公開。検証しやすくし合意を取り付け

た。欧州連合（EU）はオープンデータが生む経済価値が25年に最大3342億ユーロ（44兆円）に達すると予測する。

国内でも自治体ではデータ活用に本腰を入れる例が出てきた。京都府は九州先端科学技術研究所

と組んで新システムを導入。アクセス不能に陥る事態を防ぎ、官民で新型コロナウイルスなどのデータを使った共同研究に乗り出した。データの力を引き出すには行政に潜む閉鎖性を乗り越える意気込みも求められる。

日経22・3・29

チ

政府公開データ 開

アクセス不備2割 外の目恐れ未対応

政府の保有データを公開するサイトが一部、開店休業の状態になっている。誰もが簡単に使えるのはずなのに、2割以上のデータにアクセスできない部分がある。欧米ではデータを活用した成果が目立ち始めた。出遅れる日本にはデジタル社会の土台を機能させるための意識改革が欠かせない。

「リクエストされたページは見つかりません」。政府のサイトで作業を進めるとこんなメッセージが現れた。

サイトは政府が省庁のオープンデータをまとめる「DATA・GO・JP」。財政や国土、教育、家計など約2万8千件のデータに1カ所からアクセスできるのが売りだ。

ところが日本経済新聞社が調べたところ、2月末時点で全体の2割強の約5600件にアクセスできないデータが含まれることがわかった。厚生労働省で約45%、公正取引委員会は約38%、経済産業省は約33%にのぼる。なぜこのような問題が起こるのか。

第一はデータ管理の問題だ。1990年代から取り組み始めた欧米などに対し、日本が本腰を入れ始めたのは2012年ごろ。「データ量を増やすことを急ぐのはよかったが、質より量を優先したため管理がおろそかになった」（武蔵大の庄司

が必要。実用的でない」と話す。

管理面だけでなく、データに向き合う行政の姿勢を問う声もある。三菱総合研究所の村上文洋主席研究員は「データの不備や間違いがあった場合に批判されるのを恐れて萎縮している」と指摘する。従来なら知られることがなかったデータの分析を通して不正や課題を追及されることを懸念し「データを公開してもメリットはない」と後ろ向きに構える職員もいる。

データ公開の仕方にそんな意識の一端が表れる。海外はデータをプログラムが自動処理しやすい形式に整えて公開することが多いが、日本ではPDFなど自動処理に適さないデータが9割を超える。

オープンデータに詳しい一般社団法人コード・フォー・ジャパンの関治之代表理事は「国内ではオープンデータを担当する職員より、データを持つ現場の方が立場が強い。組織にデータをマネ

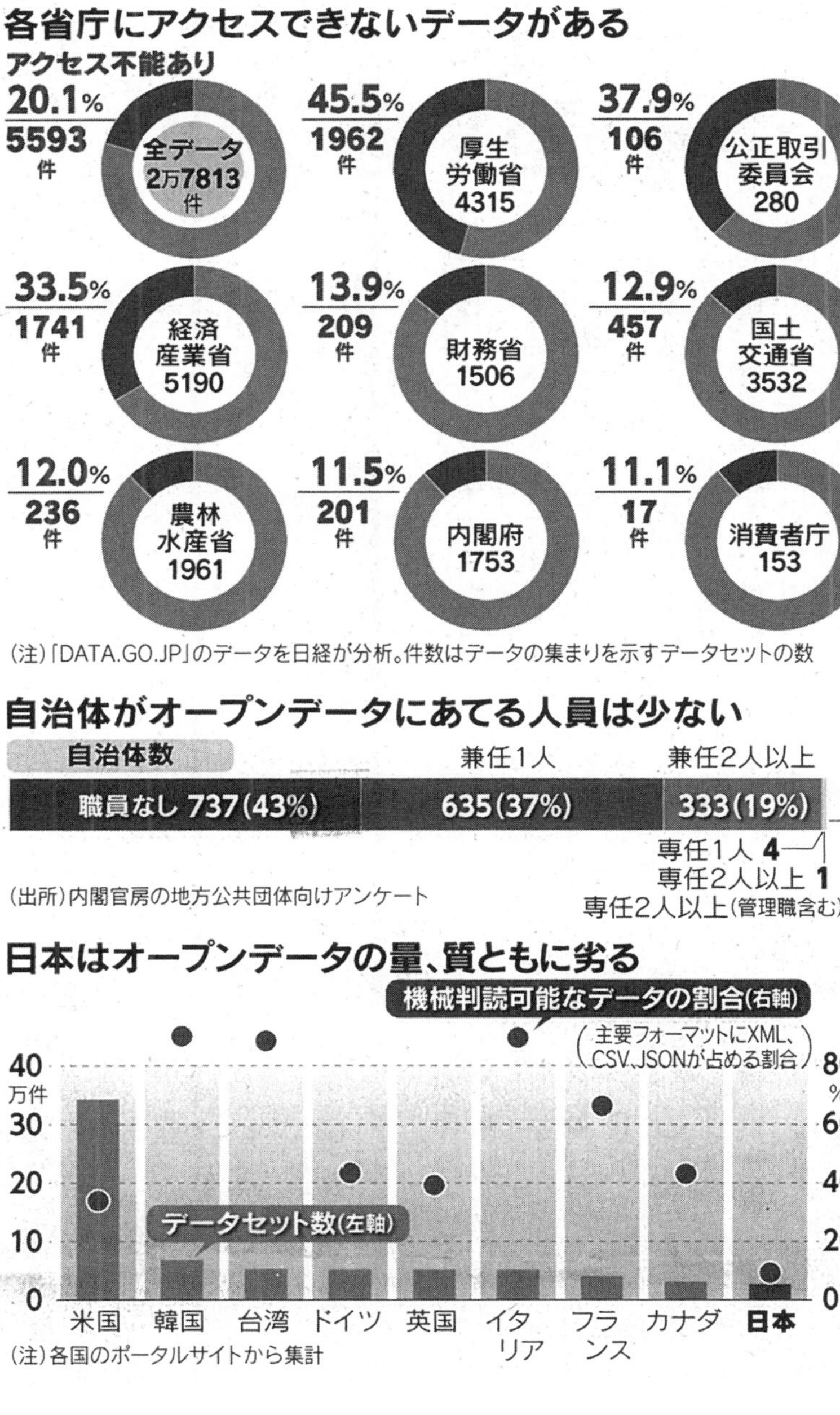

（並木亮、デジタル政策エディター　八十島綾平）

親族照会「省略可」自治体は周知を

生活保護申請時

厚生労働省は十八日、生活保護の申請時に、自治体から親族への照会は省略できる場合があることを申請者に周知するよう自治体に求めた。親族への照会を巡っては、多くの自治体が説明不足として支援団体が「親族に知られたくない人が申請をためらう」と改善を求めていた。

厚労省は同日、自治体担当者向けに公表した資料で、申請者向けの案内文の再点検を要請。申請者は、援助を期待できる親族がいない場合、その旨伝えられることを明記するよう求めた。

生活保護申請の際は、自治体の福祉事務所が申請者の親族のうち、援助を見込める人に支援可能かどうかを確認する「扶養照会」を実施。厚労省は昨年三月、十年程度音信が不通となっているなど「扶養義務を期待できない者」には照会不要との通知を出していた。

支援団体が昨年九～十二月に実施した調査では、埼玉、千葉、東京、神奈川の一都三県の福祉事務所の約九割が、生活保護の案内文に、扶養照会に関する国の通知を記載していないことが明らかになった。

東京22・3・20

元組員就労 市が支援

北九州 資格取得、転居に補助

暴力団排除に力を入れる北九州市は、元組員の就労を支援し、組織からの離脱促進にもつなげようと、2022年度の当初予算に関連費用1千万円を計上した。仕事に必要な資格取得や、引っ越しの費用の一部を補助し、専用窓口で本人や家族らの相談にも応じる。全国の自治体でも珍しい取り組みという。

北九州市に本拠を置く全国唯一の特定危険指定暴力団工藤会は、14年に福岡県警が幹部を摘発した「頂上作戦」以降弱体化。福岡県内の構成員数は、最盛期だった08年の約730人から約200人（21年末）に減った。

組員離脱・就労支援のイメージ

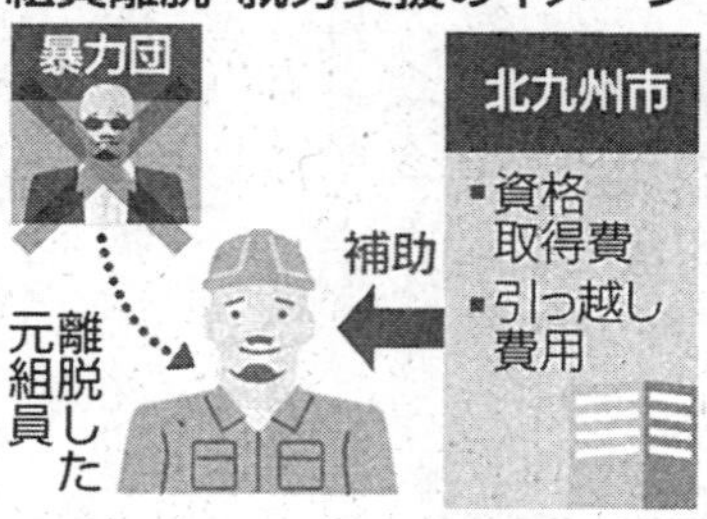

少なくない組員が組織を抜けたが、仕事に生かせるスキルがない、人の目を避けて違う場所で働きたいが引っ越し資金がないといった理由で、離脱をためらう組員もいるという。

そこで北九州市は就労先を通じ、市内で就職する元組員には、資格取得費の4分の3、30万円を上限に補助。需要の大きい大型自動車の免許取得を想定している。市外で就職する場合は、20万円を上限に引っ越し費用を補助する。また、警察に相談するのは組員にとって心理的ハードルが高いため、市役所に専門の電話相談窓口を新設する。

市担当者は「この制度を利用して、社会復帰の一歩を踏み出してほしい」と話している。

南日本（鹿児島）22・3・29

ひきこもり支援の条例

埼玉県議会可決へ 相談機会確保促す

ひきこもりの当事者や家族への支援を促す条例案が埼玉県議会で25日に可決される見通しだ。

ひきこもり支援を前面に打ち出す条例は珍しく、議会側から提案があった。強制力や罰則はないが、当事者や家族が身近な場所で相談できる機会を十分確保するよう、行政や民間支援団体に促す。

内閣府によると、全国のひきこもりの当事者は、15～39歳が推定54万人（2015年度）、40～64歳が同61万人（18年度）。家族らが周囲に相談しにくいことが問題になっている。

そのため条例案では、当事者と家族が孤立せずに社会と関われる支援を行うべきだと明記。「自立」をうたって無理やり連れ出し、高額報酬を請求する「引き出し業者」を念頭に、支援は「本人の意思を尊重」して行うとした。

県から相談サポートセンターの運営を請け負うNPO法人「越谷らるご」の鎌倉賢哉理事長は「高齢の親がひきこもりの子供を支えるケースでは、親の死後にきょうだいが戸惑う。いつでも相談できる場所が必要だ」と話している。

読売22・3・23

ひきこもり 広域で支援

三重 都道府県初の計画策定

三重県は16日までに、ひきこもり当事者らに対する支援計画をまとめ、県議会常任委員会が了承した。周囲から存在が見えづらく行政が対応しにくい課題を解消するため、県内の2～3カ所に広域で支える体制を構築し、訪問相談や当事者の居場所づくりの拡充に力を入れる。県によると、ひきこもりに特化した支援計画を都道府県が策定するのは初めてという。

計画は2022年度から3年間で、対象はおおむね15歳以上の当事者とその家族。広域の支援体制は、都市部だけではなく、人口が少ないエリアもカバーし、各市町の相談窓口からNPO法人や医療機関に円滑につなげるようにする。

県は22年度予算案に関連費用として計約2億4千万円を計上。SNS（交流サイト）を通じた就職氷河期世代に対する情報発信や、不登校の生徒への訪問支援、当事者同士の交流会の設置などの施策を進める。

ひきこもりに対する偏見をなくす啓発活動にも取り組み、24年度までに県民の7割がひきこもりへの理解が進んだと感じることを目指す。

県が21年7～8月に県内の民生委員などに実施した実態調査では、ひきこもりは県内に1270人いることが判明。新型コロナウイルスの感染拡大で社会との接点が減少している懸念もあり、県が支援強化を決めた。

日経22・3・16

障害者虐待 最多2400件

的虐待が53%と最も多く、暴言などの心理的虐待が42%、性的虐待が16%だった。

年八月に公表した職場での虐待が四百一件あり、被害

県、フードバンク認定制度

PPA方式で太陽光発電を導入する富良野市の水処理センター

出実質ゼロを目指す「ゼロカーボンシティ」を表明。公共施設全体のCO_2排出量を削減するため、24時間PAを導入。北海道電力が設置した太陽光発電設備から電力を調達する契約を結んでいる。

北海道22・3・21

30%配合したスプーンとフォークへの切り替えを既に進めている。

ホテル業界でも備品の提供見直しが始まる。ホテル

に配慮した素材の製品に切り替える場合、導入費の一部を補助すると発表した。従来品との差額の半分（上限20万円）を助成する。

海洋プラスチックなどによる環境破壊を防ぐとともに、伊香保温泉をはじめとする宿泊施設のSDGs（持続可能な開発目標）の取り組みを支援する。ブ

日の間に購入する必要がある。事業費は200万円を見積もり、市議会3月定例会で審議中の2022年度一般会計当初予算案に盛り込んでいる。

同法はプラスチックごみを削減し、回収やリサイクルの強化を図る目的で昨年6月に成立した。（奥木秀幸）

太陽光パネル廃棄相次ぐ

災害影響 環境省、実態調査へ

二〇一一年の東京電力福島第一原発事故などを機に普及が加速している太陽光パネルのうち、使用済みとなる量が想定を上回る勢いで膨らんでいる。近年の災害頻発で破損や水没が相次いでいるためだ。さらに三〇～四〇年代には大量のパネルが順次寿命を迎える。リサイクルせず廃棄されれば埋め立て処分場の逼迫（ひっぱく）にもつながり、政府が目指す「五〇年脱炭素社会」の実現に影を落としかねない。環境省は適正処理に向け実態調査に乗り出す。

産業廃棄物処理やリサイクルを手掛ける浜田（大阪府高槻市）はこれまで四万枚近くのパネルを分解、再資源化してきた。一八年の西日本豪雨や一九年の台風19号などで被害を受けたものが多い。担当者は「適切に処理できる業者は限られている。老朽化と災害続発で処理が追い付かなくなる恐れがある」と懸念する。

一九年の台風15号では、千葉県市原市のダムに浮かべたパネルが壊れ、出火したこともあった。

環境省が一五年にまとめた排出量推計は二〇年度に二千八百㌧、四〇年度ごろ八十万㌧としていた。だが二十～三十年の寿命を迎える前に被災する設備などが相次ぎ、中古販売・リサイクル業者への聞き取りで確認しただけでも一八年実績は約七千㌧に上った。

こうした業者に回らず埋め立て処分される例も多いとみられ、環境省は二二年度、聞き取りの対象を解体、撤去業者にも広げる。流通や処理実態を把握し、リサイクル徹底に向けた法整備も視野に対策を検討する方針だ。

国のエネルギー白書では、〇九年度に二百八十四万㌔㍗だった太陽光発電の導入量は、一九年度に五千九百一万㌔㍗に達した。脱炭素化に向け政府が後押ししており、パネルはさらに普及する見込みだ。

埼玉県は二〇年、産業廃棄物処理やリサイクルなど関連業者でつくる協議会を設立した。県担当者は「埋め立て処分場の逼迫を防ぐため、業者間で連携する処理ルートを構築しておきたい」と強調する。

大量廃棄をビジネスにつなげようとする動きもある。パネル製造販売の新見ソーラーカンパニー（岡山県新見市）は高温の水蒸気を用い、ガラスや銅線などを分離する装置を開発した。再資源化率は約95%で、二二年度内の発売を目指す。国内の他、アジアや欧米からも引き合いがあるという。

中部大の細田衛士教授（環境経済学）は、欧州では着実にリサイクルへつなげる法令が整備されているとして「国は新法制定も見据えた議論を急ぐべきだ」と話した。

2019年９月、台風15号の影響で損壊し、出火した太陽光パネル＝千葉県市原市の山倉ダム

※太陽光パネル 太陽の光エネルギーを電力に変換する板状の設備。重量の約7割を占めるガラスの他、アルミ、銀、銅などが使われる。鉛やカドミウムなど有害物質を含むタイプもある。環境省の処理指針は、中古販売での再利用を優先し、故障していれば分解、再資源化した上で廃棄するよう促している。2018年には将来的なリサイクル義務化の検討を明記した計画を策定した。

福島22・3・21

脱炭素 地域の挑戦 (上)

自治体、新事業育成を加速

風力・水素エネ環境構築

都は省エネ住宅の税優遇

●環境（大気）

2050年に温暖化ガスの排出量を実質ゼロにする国の目標に合わせ、地方自治体が「脱炭素」の取り組みを加速させている。多くの地域で22年度から再生可能エネルギー普及や関連産業の育成、税優遇などの施策が本格化する。脱炭素の実効性を高めるのに不可欠とされる企業や研究機関などとの連携も動き出している。

北九州市北部の若松区では現在、海上に風力発電設備を設置する専用船が停泊できる基地港湾の建設が進められている。基地港湾は国が全国4カ所で指定した拠点で、同市は西日本で唯一指定を受けた。24年度の完成を目指す。

同市では九州電力グループなどが出資するひびきウインドエナジーが22年度後半に、北九州港内で洋上風力発電設備の建設を始める。25年度の発電開始に向け、海上に風車型設備25基（総発電容量＝約22万㌔㍗）を設置する際、基地港湾が工事の最前線を担う。

同市内には基礎構造物の日鉄エンジニアリング（東京・品川）や特殊パイプのリージェンシー・スティール・ジャパン（北九州市）など、洋上風力発電設備に携わる製造業が本社や拠点を構える。市港湾空港局は「関連企業の誘致をさらに進め、風力発電産業の集積をつくりたい」と意気込む。

水素エネルギーに注力する自治体も多い。札幌市は水素ステーションや飲食店などの集客施設を集めた「水素モデル街区」を整備する。燃料電池自動車（FCV）やビルなどで使う電力をまかなうモデル事業を30年ごろまで実施する。

札幌市は水素活用に積極的で、30年までにFCVを市内に3000台以上、水素ステーションを4カ所以上普及させる方針だ。水素は郊外の備蓄基地に貯蔵し、水素供給網の構築を目指す。同市環境政策課は「備蓄基地から需要地までの輸送もFCトラックを使い『水素社会』を実現したい」と話す。

神戸市は人工島のポートアイランドに大規模な水素ステーションを整備する。約1万平方㍍の用地に事業者を誘致し、24年度の開業を目指す。FCVやFCバスへの水素補給だけでなく、船舶への供給も見据える。

同市は川崎重工業などが市内で進める水素発電や水素の安定供給に向けた供給網構築といった事業化を支援し、水素を核とした産業育成に力を入れてきた。市の担当者は「周辺で水素需要が見込まれており、安価で安定した水素の供給拠点としてポートアイランドを活用してほしい」と力を込める。

住宅の脱炭素化に力を入れるのは東京都だ。22年度から24年度にかけて、基準を満たした省エネ性能の住宅を購入した場合に、不動産取得税を全額もしくは5割免除する。年間約3千件の利用を見込み、都内の二酸化炭素排出量の約3割を占める家庭部門の省エネを推し進める。

「30年までに温暖化ガス排出量を00年比で50％減らす」という都の目標達成には、排出量の約3割を占める家庭部門での対策が欠かせない。都幹部は「これまで事業者への排出抑制策に取り組んできたが、家庭部門は手薄だった」と語る。

国と地方でつくる内閣府の「国・地方脱炭素実現会議」は、4月以降に脱炭素に先進的に取り組む「脱炭素先行地域」を100カ所以上選定する方針だ。環境省は先行地域について「脱炭素政策に関する日本各地の創意工夫のモデルになり得る」と強調する。

国はまず30年度に温暖化ガス排出量を13年度と比べ46％減らす目標を掲げており、25年度までを政策の集中期間と位置づける。目標を達成できるかどうかは、地域での取り組みが大きく影響する。今後数年間の各地の成果が試される。

主な脱炭素の取り組み

千葉県匝瑳市	メガソーラーのシェアリングで地元農業の安定経営に貢献
東京都世田谷区	公共施設の使用電力をすべて再生可能エネルギー由来に
茨城県境町	自動走行機能搭載のEVバスが町内を定時走行
北海道鹿追町	家畜排せつ物活用のバイオガスプラント導入でエネルギーを地産地消

(出所) 国・地方脱炭素実現会議

北九州市は洋上風力発電の設備工事の専用船が停泊する港湾基地を建設中（同市若松区）

日経22・3・31

42都道府県 脱炭素事業

22年度予算案 省エネ住宅やEV普及

政府が2050年までに温室効果ガス排出を実質ゼロにする目標を掲げたのを受け、自治体の動きが活発化している。共同通信が19日まとめた集計では、岡山、島根、鳥取など42都道府県が22年度当初予算案に新規の脱炭素事業を盛り込んだ。目立ったのは、住宅・公共施設の省エネ化や、電気自動車（EV）の普及。ただ本格的な脱炭素社会の実現には環境意識や生活様式の大きな変化が求められる。住民や企業を巻き込んだ機運の醸成が課題となりそうだ。

新規事業がないと回答した広島、山口、京都など5府県も、21年度までに始めた事業を拡充するなど脱炭素を進める。

長野は、まきストーブや太陽光発電などを備え、環境と健康に配慮した住宅を普及させる。基準を満たした住宅は「信州健康ゼロエネ住宅」として、新築で最大150万円、リフォームで最大100万円を補助する。福岡は既存住宅を省エネ化するため、断熱性能を高める改修に120万円ま

まちの展望

岐阜圏域6市の新年度当初予算より

山県市

再配達減で「脱炭素化」

宅配ボックス購入費補助

岐阜22・3・19

「未来に投資する積極型予算」と位置付けた山県市の2022年度一般会計当初予算。ポストコロナを見据えた事業展開を柱の一つに掲げ、「脱炭素化」の一環として、荷物を受け取る宅配ボックスの普及に向け、4月からボックスの購入世帯に補助金を交付する取り組みを盛り込んだ。

現在、地球温暖化の原因となる二酸化炭素（CO_2）の排出抑制が課題となる中、市は持続可能な社会の実現のため、「脱炭素化」の取り組みを加速させる。市が着目したのが、宅配便の再配達によるCO_2の排出増加。再配達を減らし排出抑制につなげようと、宅配ボックスの普及に乗り出した。

今回の事業は、ボックスを購入した世帯に5千円を上限に補助するもので、2500万円を計上した。補助の条件として、防犯のため内部が見える透明のボックスは不可とし、家の柱などに固定でき、施錠できるものが対象となる。5千世帯への交付を想定しており、市担当者は「すでに反響があり、ニーズはある」とみている。

新型コロナウイルスの感染拡大で、インターネット通販の人気が高まり宅配需要が増える中、ボックスは、配達員と対面せずに荷物を受け取れることもあり、徐々に利用が広がっている。1月20日に市と佐川急便中京支店（愛知県小牧市）が結んだ国連の持続可能な開発目標（SDGs）の達成に向けた施策を推進する包括連携協定も、今回の取り組みのきっかけの一つとなった。

協定に伴い物流面のCO_2抑制の取り組みも推進し、今回の事業では、同社と補助するボックスの条件などについて情報交換するなど連携した。

市担当者は「多くの人に設置してもらい、CO_2の削減につなげたい」と利用を呼び掛ける。（高橋友基）

SDGs達成に向け山県市と佐川急便中京支店は今年1月に包括連携協定を結んだ＝同市役所

中国22・3・20

で助成する。

さまざまな人々が訪れる公共施設を巡っては、新潟が県庁舎へ太陽光発電施設や蓄電池を設置する。千葉や鳥取、島根などは、庁舎や公立学校の照明を発光ダイオード（LED）に切り替え、省エネ化する。

「30年度までに、県内で販売される新車を全て電動車にする」との目標を掲げる神奈川は、EVやプラグインハイブリッド車などの購入に最大20万円を助成する。滋賀や徳島も同様に補助制度を設ける。

石川は、輪島市の能登空港と金沢市内に水素ステーション計2カ所を設置。「レンタカー会社に水素で走る燃料電池自動車を導入し、観光客らに使ってもらう予定」という。

都道府県が2022年度に実施する脱炭素事業

長野	環境性能の高い住宅の新築に最大150万円補助
新潟	県庁舎に太陽光発電施設や蓄電池を設置
神奈川	電気自動車などの購入に最大20万円助成
石川	燃料電池車の利用増へ水素ステーション設置
鹿児島	先進的な脱炭素の取り組みを動画でPR

FCV、割安で貸し出し

中野区 区民対象に来月から

東京都中野区は4月1日からトヨタ自動車の水素を燃料とする燃料電池車（FCV）「ミライ」を区民が割安な料金でレンタルできるようにする。同区は「2050年までに二酸化炭素（CO_2）排出量実質ゼロ」の目標を掲げており、区民に対して水素エネルギー活用とエコカー導入など家庭向けCO_2削減策の普及啓発をはかる。

トヨタモビリティサービス（東京・中央）と3月23日に協定を結び、トヨタレンタカー中野坂上店で区民向け特別料金プランを設けた。料金は保険・補償を含めて6時間まで7150円。1回当たり最大48時間まで2万3100円で利用できる。実施期間は23年3月31日までを予定し、区民1人当たり3回まで利用できる。

酒井直人区長は28日、「区民に体感してもらい、家庭から出るCO_2を一人ひとりが意識して削減することにより、ゼロカーボンシティが実現できると考える」と事業の目的を話した。

FCV「ミライ」に試乗した中野区の酒井区長（28日、東京都中野区）

日経22・3・29

動物虐待

把握時の対応方法示す

自治体向けガイドライン

環境省公表、警察と連携も

環境省は29日、犬や猫など動物への虐待を把握した際の対応方法をまとめた自治体向けのガイドラインを公表した。住民や獣医師からの相談で虐待が疑われると判断した場合、動物愛護部局だけでなく、警察と連携して速やかに情報共有することなどを促している。

動物虐待を巡っては、インターネットに虐待動画を投稿するなど悪質なケースが後を絶たない。こうした状況を受け、2020年に罰則を強化した改正動物愛護法が施行されたが、相談を受けても虐待かどうかの判断が難しいケースや、自治体ごとに対応のばらつきがあることが課題となっていた。

山口壮環境相は同日の閣議後記者会見で「厳罰化された法律の趣旨を浸透させることが必要だ。多くの関係者が活用して適切な対応が進むことを期待したい」と述べた。

ガイドラインでは、住民らの相談を受けてから自治体による立ち入り検査、警察による捜査までの流れを提示。相談の段階では、電話や現場で聞き取る項目をまとめたチェックシートを使い関係部局間で情報共有する。シートには①動物の傷や鳴き声など虐待をうかがわせる情報源は何か②写真や動画の証拠はあるか―などの項目を設ける。

その後、虐待の可能性が高いとみなされれば、立ち入り検査を実施。状況に応じて勧告や命令などの行政処分を行うほか、改善が見られないなどの場合は警察に刑事告発するよう明記した。

福井22・3・30

陸海保護 30％に拡大

環境省案 対象100地域認定へ

環境省は22日、生物多様性保全を目的に保護する区域を2030年までに陸・海の30％以上に拡大させるための工程表案を中央環境審議会の小委員会に提示した。保護の対象として、企業などが所有する土地を「自然共生サイト（仮称）」として23年に100地域以上認定する方針。

同省によると、日本では現在、陸域の20・5％、海域の13・3％を国立公園などの保護区域に指定している。21年5月の主要7カ国気候・環境相会合では、30年までに陸域と海域の少なくとも30％を保全することについて合意し、各国で対策を急いでいる。

工程表案によると、国立・国定公園を拡張するほか、生物多様性保全対策が取られている企業などの土地を「自然共生サイト」として認定し、目標達成に活用する。自然保護のために土地を買い取る「ナショナルトラスト運動」で保全されている土地の他、企業の水源の森や社寺林なども対象となる。効果が確認された取り組みについては、マニュアル化して各サイトの管理者などと共有する。

10年の国連生物多様性条約第10回締約国会議（COP10）で採択された「愛知目標」では、20年までに保護区を陸域の17％、海域の10％に拡張することを掲げた。目標は達成されたが、同条約事務局は、保護区内の生物保護や効果的な管理は「不十分だった」と評価した。【信田真由美】

毎日22・3・23

鳥類2割、鉛汚染 本州以南

環境省調査

毎日22・3・30

本州以南で死ぬなどしていたオオワシなどの猛禽《もうきん》類と水鳥の体内を検査し、長期的に分析したところ、5羽に1羽の割合で鉛汚染が確認されていたことが環境省の調査で分かった。狩猟で使われる鉛製銃弾を小石と間違えてのみ込んだことなどが原因とみられ、環境省は今月、有識者検討会の初会合を開き、鉛製銃弾の規制に向けた議論を本格化させた。

環境省は2025年度から鉛弾の使用規制を全国で段階的に導入し、30年度までに「鳥類の鉛中毒発生ゼロ」を目標に掲げている。

検討会の初会合では、環境省が鳥類の鉛汚染の現状を報告。1999～21年度、本州以南で死んでいたり、保護されたりした猛禽類と水鳥計793羽について、血液などから検出される鉛濃度を調査し、18％に当たる計143羽で鉛汚染が確認されたとの結果を示した。

環境省は22年度以降、鳥類への鉛汚染の影響を検討するため、クマタカやカモ類を対象に捕獲調査を実施する計画を明らかにし、今後、有識者の意見を踏まえて具体的な手法の検討を進める。

文化芸術 政策の柱に

吉川 条例制定、劇場整備へ

埼玉22・3・30

吉川市が、3月定例会に提案した文化芸術基本条例が成立した。同条例は、文化芸術振興にとどまらず、まちづくりや産業、福祉など各分野と結びつけ活用することで地域課題の解決につなげていくことを主眼に置いている。中原恵人市長は、「文化芸術を総合政策の柱としたまちづくりを目指す」と打ち出す。県文化振興課によると、既に条例を制定している自治体は7市町あるが、文化芸術をまちづくりの基幹政策に位置付ける自治体は珍しいという。

文化芸術振興策として同市の主要事業となっている演劇プロジェクトは、年齢やハンディキャップ等の有無に関わりなく多様な市民が参加。さいたまゴールド・シアターの協力も得て一つの舞台を作り上げ、これまで3回公演してきた。市と共催で公演をプロデュースしている栗原真弓さんは、「多様な市民やプロとの交流により、助け合いや学びが生まれている。演劇の垣根が低くなり、多くの人が関われるようになった。文化芸術を核としてまちづくりを推進する自治体が少ない中、その意義は大きい」と説く。

中原市長も「自己表現をすることで自己肯定感が上がり、自信につながっている」とし、その好循環がまちづくりにも良い影響を与えていると強調。演劇手法を介護予防や放課後こども教室、障害者交流など各分野の事業に取り入れ、地域課題の解決につなげている。

同市は現在、JR吉川美南駅東口の区画整理事業地内に劇場など文化関連施設の整備を進めているほか、市展を新たに創設し文化芸術振興の底上げを目指すことにしている。（舘池美央子）

県、登録文化財制度を創設

伝統行事など継承後押しへ

佐賀22・3・31

少子高齢化などで継承の危機にある佐賀県内の伝統行事や文化に光を当てようと、佐賀県は県登録文化財制度を新たに創設する。文化財として顕彰することで地域の担い手にも価値を再認識してもらい、継承活動活性化に向けた機運醸成を図る。

文化財保護の仕組みについては「指定」と「登録」の二つの枠組みがある。「指定」は国や都道府県、市町村が特に重要なものを保護するために実施し、国の文化審議会や県文化財保護審議会の答申を受けて文科相や知事が指定する。現状変更に許可が必要になるなどの制限が課されるが、保存修理などの費用が補助される。県内には2022年1月現在、国指定117件、県指定331件、市町指定636件の計1084件の指定文化財がある。

一方、「登録」はより幅広い文化財を保護するために1996年に制度化された。これまでは国による登録のみだったが、文化財保護法の改正を受け、4月1日から都道府県や市町村が登録文化財制度を設けることができるようになる。

県文化財保護室によると登録対象は有形、無形、民俗、記念物、文化的景観、伝統的建造物、保存技術など全ての種別が対象になる。登録文化財になれば県が各所でPRするほか、保存活用に向けた助言も行う。補助金などのメニューは予定していないという。

名称や由来、保存体制、活用の見通しなどをまとめた申請書を提出してもらい、審査する。詳しい制度設計は今後詰める。県文化財保護条例の一部を改正する条例案を開会中の県議会に諮っており、施行日は4月1日を予定する。

山口祥義知事は「今日まで守り伝えられてきた、多種多様な佐賀の文化財にさらに光を当て、地域の誇りとして次世代に伝えて行くため、一層保存活用を図る」と制度制定の意義を語る。（大橋諒）

文化審答申

四天王寺五重塔 登録文化財に

大阪、1959年再建

国の文化審議会は18日、1959年に再建された大阪市の「四天王寺五重塔」など21都道府県の建造物90件を登録有形文化財にするよう末松信介文部科学相に答申した。近く答申通り告示され計1万3422件となる。

四天王寺は飛鳥時代前期とされる建立以降、戦災や台風被害に度々遭った。45年の空襲では境内のほぼ全域が焼失。50年のジェーン台風でも被災した。現在の伽藍《がらん》は創建当時の様式を基調としており、学術調査に基づく古代寺院復元の先駆けとされる。五重塔のほか61～63年に再建された金堂や講堂なども登録文化財になる。

28年に建設された札幌市の空沼岳にある山小屋「北海道大学空沼小屋」も登録される。老朽化などで一時閉鎖されていたが、北大山岳部OBらが修繕や保存に取り組み、2017年に再開した。答申は、観光案内所やまちづくり拠点として活用されている奈良市の「旧奈良警察署鍋屋巡査派出所」の登録も求めた。岩手県奥州市の明治前期の和風住宅「旧安倍家住宅主屋」や茨城県常陸大宮市の造り酒屋の座敷棟「旧岡山酒造養浩園喜雨亭」、松江市の「美保神社拝殿」も含まれた。

大阪市の「四天王寺五重塔」（宗教法人四天王寺提供）

京都22・3・19

ストリートピアノ市、来月10日設置

市は十六日、誰でも自由に弾くことができる「ストリートピアノ」を四月十日に、市内三カ所に設置すると発表した。各場所では同日、オープニングセレモニーが開かれる。

設置場所は、JRゲートタワー十五階（中村区）、ナディアパーク二階アトリウム（中区）、地下鉄東山線本陣駅本陣ギャラリー（中村区）。JRゲートタワーにグランドピアノ、ナディアパークと本陣駅にはアップライトピアノが置かれる。ピアノは、音楽愛好家でつくるグループ「名古屋ウィーン・クラブ」が寄贈。中部楽器技術専門学校（昭和区）が継続的に調律に協力する。

JRゲートタワーのピアノには、名古屋芸術大芸術学部の長谷川喜久教授や学生ら六人が「生命礼賛」をテーマに竜や生き物、花などを描画した。

本陣駅のピアノは、二〇二二年十月に名古屋市との姉妹都市提携五周年を迎える仏ランス市をモチーフにしたデザインで彩られている。

利用時間は、JRゲートタワーと本陣駅が午前十時～午後六時、ナディアパークが午前十一時～午後六時。

（中村禎一郎）

㊤JRゲートタワーに設置されるピアノ
㊦本陣駅に設置されるピアノのイメージ＝いずれも市提供

中日（愛知）22・3・17

・JRゲートタワー
・ナディアパーク
・本陣駅ギャラリー

化石3D模型 自前で商品化

北海道22・3・22

化石の模型商
化石博物館の
康子撮影）

日本語教育 卒業単位に

全国の高校で2023
年度から、外国出身の生

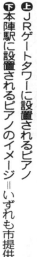

足寄の博物館 来月発売

【足寄】足寄動物化石博物館（安藤達郎館長）が4月から、十勝管内足寄町などで発掘された化石を3Dプリンターで復元し、模型商品として販売する。化石の魅力を身近に感じてもらおうと、復元画やレプリカ（複製品）の製作に力を注いできた同館が、3D技術を使い、自前での商品化にこぎ着けた。日本博物館協会（東京）によると、博物館単独の商品化は珍しいという。

　同館は1998年開館し、町内から発掘されたクジラなど海生哺乳類を中心とした化石や骨格標本など3千点以上を収蔵している。

　新村龍也学芸員(42)が恐竜や絶滅した哺乳類などをもっと身近に感じてもらおうと3D技術を活用した精度の高い復元事業に着手。カメラで100前後の異なる角度から撮影しパソコン上で立体データを合成する「フォトグラメトリー」を用いた手法で複製し、館内での体験学習や展示などに生かしてきた。

　これまで標本や模型など完成品の製作は外部業者に発注してきたが、昨年12月に3Dプリンターを導入し自前生産が可能になった。

　販売するのは、絶滅哺乳類の「アショロア」や「ベヘモトプス」などの全身骨格模型（5千円）や頭部骨格模型（800円と1500円）のほか、ストラップやマグネット（各400円）などで、同館でのみ販売。新型コロナウイルスの影響で同館への来館者は3割ほど減っており、商品化で多くの観光客に足を運んでもらう狙いもあり、新村学芸員は「博物館に眠る多くの宝を3D技術で知ってもらい、来館者数増につなげたい」と語る。

　日本博物館協会は「地方の博物館が蓄積した研究データを商品開発に応用し、運営面に寄与できるのは素晴らしい」と評価している。

（高橋康子通信員、岡田圭史）

3Dプリンターによる
品を販売する足寄動物
新村龍也学芸員（高橋

外国籍 1万人不就学

読売22・3・29

昨年、文科省調査

前回からは半減

　日本に住む外国籍の子供のうち、7・5％にあたる1万46人が、昨年5月時点で小中学校などに通っていない不就学の可能性があることが文部科学省の調査でわかった。2019年度に初めて行われた前回調査の1万9471人からほぼ半減しており、教育委員会による就学状況の把握が進んだためとみられる。

　調査は全1741市区町村に実施。21年5月1日時点で住民基本台帳に登録されている、小中学生にあたる年齢の外国籍の13万3310人について調べた。

　学校に通っていない不就学と確認できたのは649人で、連絡がつかないなどの理由で、8597人は就学状況を把握できなかった。住民基本台帳のデータが自治体と教委で共有されていなかったなどの理由で、教委が調査対象として把握できなかった子供は800人いたが、前回調査の1万183人から大幅に減少した。

　外国籍の子供に義務教育を受けさせる義務はないが、希望する場合には、公立小中学校は日本人と同様に受け入れる。同省は20年7月、就学状況を把握するよう指針を作成し、各教委に周知。この結果、義務教育年齢の子供の名前や就学状況などを載せる「学齢簿」に全ての外国籍の子供を記載する教委の割合が85・1％となり、前回（47・6％）から倍増した。

　同省の担当者は「まだ1万人も学校に通えていない可能性があり、指針をさらに周知していきたい」と話した。

3割まで認定　外国出身の高校生

日経22・3・22

徒らを対象に卒業に必要な単位の約3割まで日本語授業を実施できるようになる。文部科学省が月内に学校教育法施行規則などを改定する。

　これまでも各校の裁量で日本語授業の導入は不可能ではなかったが、個別指導は単位認定できず、放課後の補習などの形で行うことが多かった。多様な指導を認め、各校に授業としての実施を促す。

　外国人材の受け入れ拡大に伴い、家族の来日も増加。文科省の18年度調査では、日本語指導が必要な生徒は公立高校に約4100人在籍し、08年度の2・6倍になった。

　入学定員に外国出身者の特別枠を設けたり、入試問題の漢字にルビを振ったりして高校進学を促す動きが広がっており、日本語指導が必要な生徒はさらに増えると見込まれる。

　在籍学級を離れて別教室で指導を受けた場合などに「特別の教育課程」として単位が認められるようになる。卒業に必要な74単位のうち21単位を上限とする。在籍校での指導が原則だが、他校で授業を受けた場合も単位認定できる。

●教育一般

日本語指導 足りぬ教員

追加配置急ぐも道半ば

市町村財政力で地域差

外国人「共生」の実相

文部科学省の全国調査で、日本語指導が必要な小中学生の5・1%が、本来は障害のある子どもを対象とする特別支援学級に在籍していることが明らかになった。同省は教員の追加配置を急ぐが、対象者の約3割は日本語の授業を受けられずにいる。少子化が進み、外国人材を迎え入れる重要性が高まる中、家族らが暮らしやすい環境が整わなければ「選ばれる国」の実現は遠い。

日本語を学ぶ外国出身の児童（群馬県太田市）

「外国出身の子が通常学級で手厚い日本語指導を受けるのは難しい。少人数の支援学級であれば、個別に指導できる」。愛知県の小学校で外国出身の子どもに携わる女性教諭はこう説明する。

一方で、支援学級には様々な障害をもった子どもがおり、「日本語指導を中心にすることはできない」とも話す。

米国やオーストラリアなどは移民が多く、外国出身の児童生徒向けに英語を授業で教えたり、専門の施設で集中的に指導したりするシステムがある。

日本でも同様に2014年度に小中学校で授業として日本語を教える仕組みを設けた。ただ、実際に受けているのは指導が必要な子の約7割にとどまる。

文科省は26年度までの10年計画で、対象児童生徒18人につき1人の割合で教員を追加配置しているものの、「足りない」と訴える学校は多い。

独自に教員を確保する自治体もある。

横浜市は日本語指導が必要な子どもが5人以上いる学校に教員1人を追加配置。群馬県太田市は日本語とポルトガル語などのバイリンガル教員を雇用する制度を設けている。こうした動きは一部にすぎず、指導体制は市町村の財政力などによって地域差が大きい。

日本語指導が必要な児童生徒は21年5月時点で約5万8千人。10年（約3万4千人）から7割増えた。

日本で技能・技術を学ぶのを目的とする技能実習などと異なり、大卒者が中心の「高度外国人材」や日系人らは家族の帯同が認められている。労働者の増加に伴って子どもの来日も増えている。

公立小中学校を運営するのは自治体だが、小規模な市町村が多言語で指導体制を整え、子ども一人ひとりに対応するのは難しい。オンラインも活用した広域的な取り組みが欠かせない。

日本に多くの人材を送り出しているアジア各国で若年人口の減少が見込まれる中、今後は労働者の争奪戦となる可能性がある。

外国出身の子どもが十分な教育を受けられず能力を伸ばせなければ、日本の魅力は薄れる。入国のドアを開くだけでなく、社会で活躍できる道筋を示すことが求められる。

（外国人共生エディター　覧具雄人、嶋崎雄太）

日経22・3・26

▼**特別支援学級**　学校教育法に基づき、障害のある子どもへの教育を目的に小中学校などに置かれる少人数の学級。入級は保護者らの意見を踏まえて各教育委員会が総合的に判断し、障害の程度にあわせた教育を行う。文部科学省によると、2021年度に全国の公立小中などで約32万5千人が在籍している。

海外留学最少 1487人

20年度 19年度10万人から一転

2020年度に海外に出た日本人留学生は1487人で、調査を始めた03年度以降、過去最少になった。文部科学省などが30日に発表した。19年度と比べて98・6%も減った。新型コロナウイルスの世界的な感染拡大が影響した。

文科省などによると、コロナ禍前、日本人留学生は増加傾向にあり、18年度は過去最高の11万5146人、19年度は10万7346人だった。だが、感染が広がった20年度は、留学先とめ、ほぼ全ての国で日本人留学生が9割以上減った。

一方、海外からの留学生は21年5月時点で24万2444人で、前年から3万7153人（13・3%）減った。減少数は、日本語学校への留学生の2万2247人（33・3%）が最多で、大学や大学院への留学生は6905人（5・1%）の微減にとどまった。文科省は、大学や大学院への留学生は、新型コロナ流行前から日本国内に滞在し、進学したケースが多く、影響が

長期休校、学力に影響なし

文科省 小6・中3、コロナで調査

文部科学省は28日、小学6年と中学3年を対象に同一問題を使って学力の変化をみる「経年変化分析調査」の結果を公表した。最長で約3カ月に及んだ2020年春の新型コロナウイルスによる長期休校の影響は顕著には見られなかった。一方、家庭の経済状況による学力格差が広がった懸念があるといい、同省は引き続き慎重に調査結果を分析する。

経済力で格差 指摘も

調査は、全国学力・学習状況調査（全国学力テスト）の一環として昨年6月に実施された。13年度、16年度に続き今回は3回目。

国語と算数・数学のほか、中学では今回から英語も対象教科に追加され、全国の国公私立の小中学校約1300校を抽出して調査した。経年での変化を確認するため、すべての学校を対象とした学力テストの本体調査とは別に非公表の同一問題を出して比較した。

問題の難易度などをもとに算出する「学力スコア」の平均で比較すると、小学生の国語は505・8㌽で16年度と変わらず、算数は507・2㌽と5・2㌽上昇した。中学でも同様の傾向で、国語は511・7㌽、数学は511・0㌽で3・1㌽、9・0㌽それぞれ上がっていた。

学力テストを巡っては、全国約2万9千校の計約194万人を対象として昨年5月に実施された調査の結果が既に公表されている。20年3月から最長3カ月に及んだ臨時休校による対面授業減少の影響が注目されたが、同省は「全体でみると、コロナ前後で学力低下などの変化は見られなかった」と説明した。

背景のひとつとして、休校による学習の遅れを取り戻そうとする学校側の取り組みがあるとみられる。文科省によると、夏休みなど長期休暇を短縮して授業を行った小中学校はいずれも9割を超えていた。

一方、28日に開かれた学力調査に関する専門家会議では、結果について「上位層と下位層の差が開いた可能性もある」といった指摘もあった。

文科省も学力格差について調査を進める必要があるとみており、今回は児童生徒の保護者にも教育に対する考え方や年収、最終学歴などを調査した。今後、この回答内容と経年変化分析調査の結果を合わせて分析し、家庭の環境で学力格差が開いた可能性がないかなどを詳しく調べる。

また、休校中の家庭の学習支援にばらつきがあり、学力に差が生まれていた可能性もあるため、同省は保護者への調査ではコロナ禍の対応についても質問した。

休校期間中、子どもの勉強を手伝ったかとの質問に「全く手伝わなかった」と答えたのは、小学校で17・3%、中学校で49・7%に上った。学校の課題ができているか全く確認しなかったという保護者も、小学校で5・8%、中学校で16・9%いた。

同省は詳細を分析した上で、今後の施策に生かしたい考えだ。

経年変化分析調査の結果

	国語		算数（数学）	
	16年度	21年度	16年度	21年度
小6	505.8	505.8	502.0	507.2
中3	508.6	511.7	502.0	511.0

（注）数値は「学力スコア」の平均
（出所）文部科学省

日経22・3・29

高校生の裁判員 欠席扱いにせず

文科省通知、不利益回避

文部科学省は16日、4月の改正少年法施行に伴い18歳の高校生も裁判員裁判の裁判員に選ばれるようになることを受け、学校を休んで公判などに参加しても内申評価が不利にならないようにするため、通常の欠席とは別の扱いにするよう求める通知を都道府県教育委員会などに出した。

文科省によると、裁判員は衆院選の選挙権を持つ人から選ばれるが、2016年の改正公選法施行で選挙権年齢が18歳に引き下げられた際に「当面の間、18歳、19歳は裁判員に就くことができない」との付則が設けられた。その後の21年、事件を起こした18、19歳を「特定少年」とし、厳罰化を図る改正少年法が成立したのに合わせ、付則は22年4月に削除されることが決まった。

通知では、裁判員を選ぶ制度の運用上、22年4～9月に18歳となる生徒が、早ければ23年2月ごろに選任手続きが始まる公判で裁判員の対象になり得ると説明。裁判員法では高校生は辞退が可能だとした上で、生徒が参加する場合は手続きや公判の日を通常の欠席とは別の「出席停止・忌引など」の日数に計上するよう要請した。

また、裁判期間中に学習の遅れが生じないよう、学校による補習などが必要だとも指摘した。

京都22・3・17

して人気だったアメリカ、オーストラリアや韓国も含限定的だったとみている。（三浦淳）

日本人留学生の推移

各年度に留学した人数。2003～08年度は交換留学のみ、09年度以降は日本の大学を休学するなどして留学した学生も含む。文科省などの発表から

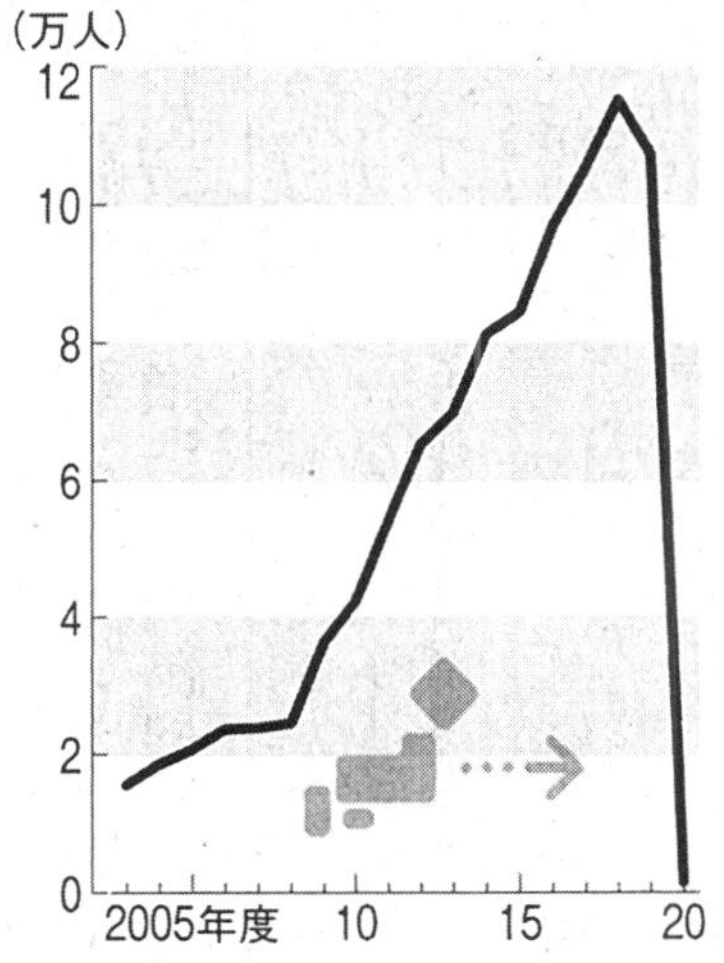

朝日22・3・31

飛び入学者に高卒資格

東京22・3・23

文科省令改正、4月から　本人申請、審査経て認定

文部科学省は、高校から大学に「飛び入学」した学生に高校卒業資格を認める制度を創設する。高校２年修了後に中退して入る形になるため、現在は進路変更などで大学を中退した場合は最終学歴が中学卒業となり、飛び入学の活用が進まない一因とされていた。省令を改正し、４月から実施する。

飛び入学制度を導入している大学

	大学	導入年度	累計入学者
国立	千葉大（千葉県）	1998	96
国立	東京芸術大（東京都）	2016	2
国立	京都大（京都府）	2016	1
公立	会津大（福島県）	2006	9
私立	名城大（愛知県）	2001	27
私立	エリザベト音楽大（広島県）	2005	3
私立	日本体育大（東京都）	2014	2
私立	桐朋学園大（東京都）	2019	1

※2021年度入試時点（文部科学省調べ）

認定は①高校で五十単位以上の取得②大学で十六単位以上の取得③単位の分野が著しく偏っていない―が基準。飛び入学者本人の申請を受け、高校や大学の関係者らで構成する審査委員会が可否を審査し、文科相が認定する。新制度によって導入する大学と利用する高校生を増やし、国際的に活躍できる人材の育成を促進したい考えだ。

文科省によると、飛び入学は一九九八年度に千葉大が初めて導入。二〇二一年度時点では国公私立の八大学が実施している。これまでの利用者は累計で約百四十人にとどまっている。

千葉大先進科学センターの真鍋佳嗣センター長は「大学で学べる学力があるのに高卒資格がないのはずっと違和感があった」と新制度を評価。「受験勉強で疲弊せずに、最短で自分がやりたい研究の場に身を置けるのが飛び入学の利点の一つ。能力に合った勉強をしていける制度がもっと広がっていくべきだ」と指摘した。

一方、昭和女子大（東京都世田谷区）は〇五年度に導入したが、入学者は一人にとどまり一四年度に募集を停止。成城大（同区）も入学者は二人で一七年度にやめた。成城大の担当者は「希望者が少なすぎた。十八歳人口が減り、あらゆる入学方法は検討すべきだが、再開は慎重に判断していく」と話した。

飛び入学者の高卒認定制度を巡っては、中教審が一四年に創設を答申。政府の教育再生実行会議も昨年六月に提言した。

特別支援学校　整備に課題

文科省調査　全国で3740の教室不足

在籍者増加

保護者連絡のデジタル化

高校8割で「半数以上」

小中学校3割どまり

県教委調査

県内公立学校と保護者の連絡手段について県教委は、半数以上の連絡をデジタル化している高校が8割に上る一方で、小中学校では3割台にとどまるとの調査結果を発表した。学校関係団体でつくる「教職員の多忙化解消に向けた協議会」は、教職員の負担軽減と保護者の利便性向上のため、さらに普及を進めるべきだとする提言をまとめた。

昨年11月に532校から回答を得た。「全ての連絡がデジタル」と答えたのは小学校3・1%、中学校1・4%、高校13・1%、特別支援学校はなかった。これを含め、「半数以上の連絡がデジタル」と答えたのは小学校31・0%、中学校37・5%、高校78・7%、特支23・1%だった。

「全ての連絡がアナログ」と答えた小学校が2・8%、中学校は0・6%、特支は3・8%あった。高校はなかった。

グーグルワークスペースなどのクラウド型グループウエアを使う保護者向けの業務として最も多いのは「学校評価」で、回答した学校の18・6%だった。「保護者へのチャット連絡」15・4%、「課題の配信状況などを保護者と共有」10・5%、「会合の出欠確認」「行事などの動画配信」各8・8%と続いた。

協議会は「教委とPTAなどが連携し、デジタル化の利点を享受できるような活用法を検討・共有して、全県に取り組みを広げるべきだ」とした。

このほか、授業で情報通信技術（ICT）を活用している教員ほど、業務効率化や負担軽減、児童生徒の理解の深まりを実感している傾向があるとする調査結果も公表された。

（高野聡）

上毛（群馬）22・3・20

特別支援学校で3740室の教室不足が生じていることが、文部科学省の調査でわかった。障害を持つ子どもの在籍者数の増加が背景にあり、国は施設改修などを後押しするが、都市部を中心に不足が目立っている。

調査は、全国の公立特別支援学校1096校を対象に昨年10月1日時点の状況を聞いた。

特別支援学校の1学級児童生徒数の上限は原則、小中6人、高等部8人だが、調査によると、児童生徒の入学で今後、必要が見込まれる教室は880室ある。また、教室不足で一つの教室を二つに分けるなど、不十分な授業環境を改善するため新たに必要な教室が2860室ある。

こうした教室の不足は、計3740室に上り、前回調査（2019年）より578室増えた。大阪府が最多の528室、東京都514室、千葉県220室と続いた。計10都道府県で、不足教室が100室を超えた。

通常の教室以外を臨時に使うなどのケースは計7125室に上った。▽音楽室や図工室など特別教室の転用（1915室）▽教室を間仕切りで分けた（1673室）▽仮設建物の教室（772室）——などで、体育館や廊下、倉庫を使うケースもあった。

障害の早期発見や教育内容などへの理解も広がり、特別支援学校の在籍者は10年前より2万人以上増え、今年度は14万6285人。在籍者のうち知的障害を持っている子どもは9割以上を占める。

都市部では用地不足も不足の要因となっている。学校の空き教室や廃校を利用するなど工夫をしているが、それを上回るペースで在籍者が増えているという。

文科省は20～24年度を教室不足解消の「集中取組期間」とし、既存施設を改修する際の国庫補助率を3分の1から2分の1に引き上げた。各都道府県に整備計画の策定を求めているが、神奈川や京都など10府県が昨年10月段階で計画を策定していなかった。

「不足教室」が100室以上の自治体

大阪府	528
東京都	514
千葉県	220
埼玉県	191
熊本県	181
神奈川県	161
福岡県	126
京都府	115
茨城県	107
北海道	106

※文部科学省調べ

読売22・3・17

オンライン指導 公立校7割実施

コロナ第6波で休校中

新型コロナウイルスの変異ウイルス「オミクロン型」による感染拡大で1～2月に休校した全国の公立学校のうち、7割で同時双方向型のウェブ会議システムを活用した学習指導を実施していたことが18日、文部科学省の調査で分かった。

2年前の一斉休校中は小中学校で1割に満たなかったが、「第6波」ではオンライン指導の広がりが見られた。

調査は1月11日～2月16日に休校や学年・学級閉鎖を連続5日間以上した公立の小中高など4652校が対象。ウェブ会議を活用した学習指導を行ったと回答した学校は計3238校（69・6%）だった。内訳は小学校70・6%、中学校72・9%、高校66・5%。

学習動画やデジタル教科書なども含めると、84・4%が情報通信技術（ICT）端末を活用していた。

コロナ禍を受け、文科省は全国の小中学校に1人1台のタブレット端末配備を進めており、担当者は「一定の成果が出た」と話した。

日経22・3・19

英語教諭に民間人材も

県教委 23年度教員採用試験

県教委は15日、2023年度の県公立学校教員採用試験の概要を発表した。全国的に志願者数が減り、教員の人材確保が急務の課題となっている中、中学・高校の英語教諭の選考対象に一定の英語力を有する民間人材を加えるなど、一部で門戸を広げるための変更があった。

県教委によると、語学力の国際標準規格「CEFR（セファール）」の「B2」相当（英検準1級以上相当）の英語力を有していることを条件に、民間企業で直近5年のうち3年以上、英語を使用する業務に従事した人や、英語以外の普通免許状を取得している人（取得見込みを含む）なども志願できるようにした。

このほか、県内の公立学校で教員として5年以上の勤務経験があり、育児や家族の転勤などを理由に退職した人を対象にした採用を新設。理学療法士、作業療法士、言語聴覚士の有資格者で、障害の重度重複化や多様化に対応できる人材を対象にした選考も設けた。

受験者の負担軽減のため、2次試験の適性検査はオンラインで実施、小論文は廃止される。

筆記や実技の1次試験は7月10日、面接など2次試験は8月25日～9月5日に実施予定。採用人数などは4月以降に公表される。

22年度の採用試験は5校種・職種で計1066人が受験し、463人が合格。競争倍率は1999年度以降、過去最低の2・3倍だった。

（熊本陽平）

長崎22・3・16

生徒募集 宮城全域から

に23年度開設の公立夜間中学

4こま◆卒業証書授与も

河北（宮城）22・3・27

仙台市教委が2023年度、南小泉中（若林区）に開設する東北初の公立夜間中学＝？＝の詳細が判明した。宮城県全域から生徒を募集し、1学級10～30人程度とする。平日午後5～9時に1日4こま（1こま40分）の授業を実施。家庭の事情や不登校などで、中学に通えなかった16歳以上に学び直しの機会をつくる。

入学者は①戦後の混乱期に義務教育を受けられなかった人②中学卒業したものの不登校だったため、学び直しをしたい人③母国や日本で義務教育を修了していない外国人－を想定する。

県教委と16年度以降、夜間中学開設の検討を重ねてきた経緯を踏まえ、市内に限らず幅広く生徒を受け入れる。義務教育の未修了者には卒業証書を授与する。

授業は国語、数学、英語など9教科や道徳を教える予定。体育は体育館、理科は理科室も利用する。体育祭や修学旅行などの学校行事は、生徒の年齢や職業の有無を考慮し、実施するかどうかを判断する。

夜間中学は南小泉中の1学級「夜間学級」と位置付ける。校長は同中校長が兼務し、専任の副校長を置く。学級担任と各教科教諭を配置。教諭1人が複数教科を受け持つことも視野に入れる。給食の提供や養護教諭の配置は今後検討する。

開設場所は、同中が市地下鉄東西線薬師堂駅（若林区）から徒歩10分圏内にあり、利便性を重視した。夜間学級、夜間専用の職員室に使う空き教室が確保でき、18年度に大規模改修が終わり、トイレなど施設面が充実した点も踏まえた。

市教委は新年度、施設改修費4987万円を活用し、夜間教室や専用職員室へのエアコン設置などを進める。8月に学校説明会を開き、11月まで生徒を募集。23年1月に初年度の入学者を決定する計画だ。募集定員は未定。

？ **公立夜間中学** 2017年施行の教育機会確保法に基づき、国は各都道府県と政

学が開設される南小泉中＝仙台市若林区

河北（宮城）22・3・16

白石に不登校特例校

東北初 公立の小中一貫

23年度新設

白石市は15日、不登校の実態に配慮した特別な教育ができる小中一貫の不登校特例校を2023年4月に新設する方針を発表した。同市越河《こすごう》地区の旧南中校舎の活用を検討する。

旧南中校舎の活用検討

不登校特例校は文部科学省の指定。県内では富谷市富谷中が市のコミュニティーセンターを分教室として今年4月に開設するほか、仙台市若林区の学校法人が太白区の坪沼小跡地で23年4月の小中学校開校の準備を進めている。白石市によると、公立の小中一貫校は東北初のケースになる。

市は今春に国と県に必要な申請を行い、認可を受けた上で秋ごろの説明会開催を予定する。小学高学年と中学1・2年、同3年の計3クラスを想定。授業時間を減らす代わりに体験学習などを増やし、登校時間も柔軟に対応する。

校舎は08年に建設され、19年3月に閉校になった旧南中が軸になる。設備が新しく、自然が豊かで落ち着いて学習に取り組める環境を考慮した。半沢芳典教育長は、15日の市長定例会見で「今年秋ごろには全体像を示したい」と話した。

市教委によると、年間30

仙台

令市に1カ所以上の設置を求めている。①授業料無料②週5日授業③教員免許を持つ教員による指導④全課程修了で卒業―など昼間の中学と同じ対応にする。文部科学省によると、22年4月に全国で新たに4校が開設され、15都道府県の計40校に増える。東北は仙台市のほか、福島市も24年度の開校を目指している。

授業1日

東北初の公立夜間中

本郷栄治教育指導課長は「授業の進め方や教職員の配置は、どのような生徒が集まるかによって変わる。今後1年かけて、学び直したい人たちを支援する環境を整えたい」と説明する。

児童生徒に「個別カルテ」

学力や意欲の伸び可視化

小4から中2対象

新年度から県教委導入

効果的授業や学習支援に

鳥取県教委は新年度から、県内の小4から中2までの児童生徒の学力や意欲の伸びを個別に可視化できる「カルテ」を作成する。カルテには、鳥取県独自の「とっとり学力・学習状況調査（鳥取学調）」の結果を反映させ、専用のアプリシステムによって教員が子どもたち一人一人の成長や変化をグラフなどで把握できるようにし、効果的な授業や学習支援につなげる。8月の運用開始を予定している。（松本妙子）

県独自の学調は全国で3県が導入しているが、アプリシステムによるデータの活用は全国初。県教委は事業費を2022年度一般会計当初予算案に計上した。

鳥取学調は小4～中2を対象に国語、算数・数学のテストと学習状況アンケートを行っている。20年度から鳥取、米子両市の一部の学校で先行実施し、21年度には12市町村に対象を拡大。22年度からは13市町村の公立小中義務教育学校と特別支援学校など155校（約2万1400人）で実施する見込み。

小6と中3を対象にした「全国学力・学習状況調査（全国学力テスト）」は正答率や平均点で県の年ごとの学力状況をみるが、鳥取学調は学年やクラス、個人の学力の伸び具合を経年比較できる。学習意欲の変化も把握できる。

しかし、鳥取学調のデータは膨大。36段階もあるテスト結果「学力レベル」のほかに、勤勉性や自制心、学習態度などに関するアンケート回答結果もある。教員が児童生徒一人ずつのデータを活用するには、手間と時間が掛かり過ぎるのが課題だった。

そこで、教員が学校から個人カルテにアクセスできるアプリシステムを構築。個人やクラスの学力の伸び具合や学習意欲の変化をグラフや図表で〝見える化〟する。児童生徒の伸び具合に応じた指導方法や学習支援だけでなく、指導の振り返りや良い指導例の共有などにも活用できる。進学や教諭の異動、転校などで環境が変わる中でもデータが引き継がれる点も大きい。

県教委小中学校課は「点数だけでは分からない学びの成長や意欲の変化、つまづきなど深い部分まで可視化できる」としている。

日本海（鳥取）22・3・17

日以上欠席している不登校の児童生徒は小学生17人、中学生48人。30日に達しないケースを含めた児童生徒の2割程度（小学生5人、中学生13人）の特例校転入を見込む。

特例校設置の背景には不登校児童生徒の割合の高さがある。20年度は小学生の1・19％に達し、県全体（1・05％）、全国（1・00％）を上回った。中学生は4・16％で県全体（4・61％）は下回るものの、全国（4・09％）より多い。

山田裕一市長は「学校に行けなくなった子どもたちが、同年代の子どもたちと同じ学びや同じ経験をする場を提供したい」と強調した。

不登校特例校への活用が検討される旧南中校舎

埼玉22・3・22

●教育一般

ALT 民間に切り替え

県教委 県立学校の不足補う

外国語指導や多文化共生の担い手として学校教育に欠かせない外国語指導助手（ALT）。その多くは国の外国青年招致事業（JETプログラム）を通じ派遣されていた。本年度、埼玉県内の県立学校にはJETを通じて65人のALTの枠が確保されていたが、コロナ禍で入国できないため、7人の欠員が出ていた。県教育委員会は「コロナ禍で安定的な配置が課題となっていた」として、新年度から段階的に民間から派遣されるALTを活用していく。

（伊藤明日香）

コロナ禍で安定確保課題

JETプログラムでは、自治体はALTを1年ごとに任用し、夏ごろが再任用や着任のタイミングとなる。更新は原則3年までで、特に優秀と認められたALTに限り最長5年まで延長できる。コロナ禍でALTを含む外国人の入国が難しいため、全国のALTの配属先を決めている自治体国際化協会（クレア）が例外的に柔軟な延長を認めていた。

埼玉県でも前年度は多くの

「3年まで」の原則に戻した。

一方、民間の人材派遣会社から確保するALTは国内に住んでいる外国人を採用することが多く、入国制限の影響を受けにくく、安定的な確保が期待できる。費用もJETプログラムに比べ安価に抑えられ、自治体にとっては住居確保などの負担も軽減できる。

県内の自治体では、川口市が完全に民間から確保。川越市はJETプログラムと民間

県教育局高校教育指導課によると、2月末時点で県立学校のALTは58人で、予定していた7人が入国できていなかった。4月には民間からの派遣で2人を配置する予定だが、65人には達しない。同課の担当者は「最近2年間はALTが必要なのに不在の学校が出て困っていた。その反省から、新年度は安定的な配置を最優先に計画を作り、進めてきた」と説明した。

これまで通り更新できると想定し、手続きを行ったALTの中には再任用を打ち切られるケースも出ている。同課は「原則3年間までということは折に触れ伝えてきた」と主張。ただ同協会の例外的な延長を認めるとした通知が、県の再任用の手続き終了後に届いたことも背景にあった。

県内にも同協会からの通知を受けて、本年度限りで終了予定だったALTの任用を更新へと転換した自治体はある。

ある自治体は「もともと手続きをしていなかったが、クレアの通知を受けて意向を確認したところ、一部は残りたいと言ってくれたので更新した。確かに通知が来たのは更新手続き後だったが、煩雑さはなかった」と話す。「コロナ禍で将来確保できる保証がないので、既にいる人材を確保する方が確実だ」と指摘した。

不登校の中学生「特例校」

世田谷区、来月 学習内容 個々に合わせ

様々な事情を抱えて学校に通えなくなった中学生の学びを支えるため、世田谷区は4月、個々の生徒に合わせたカリキュラムを実施できる「不登校特例校」を開設する。23区内の公立校としては、大田区に続いて2校目になるという。

世田谷区によると、特例校は同区弦巻の教育会館内に設け、区立世田谷中学校の分教室となる。学習室や理科室のほか、面談室、職員室があり、生徒は午前9時に登校し、午前3時限、午後2時限の授業を受ける予定だ。通常より1日の授業時間が短いため、落ち着いた環境でゆとりを持って学ぶことができるという。1学年1クラスとし、全校で計30～50人を受け入れることにしている。

区内では２０２０年度、小学生３９２人、中学生５７６人の計９６８人が不登校となっており、17年度から約1・5倍に増えている。区教育委員会の粟井明彦教育監は「学校に行けなくても、学ぶ意欲がある子どもは多い」とし、「学ぶ喜びを感じ、『自分で探求したい』という気持ちを育てたり、自分の考えを表現したりする場を提供することで、どこにもつながりを持たない子どもをなくしたい」としている。区はこのほか、臨床心理士やスクールソーシャルワーカーら5人を採用し、不登校の児童生徒らの対応に当たる「不登校支援グループ」も新設する。

読売22・3・16

ALTを再任用したが、新年度の手続きについては「基本」の両方から確保しているという。

ALT（Assistant Language Teacher） 学校で外国語の指導に携わる外国語指導助手と呼ばれる外国人。国の事業であるJETプログラムにより母国で採用され、自治体国際化協会（クレア）を通じて各自治体に配属される場合と、民間企業から派遣される場合がある。既に在留資格を持って日本国内に滞在している場合もある民間派遣に比べ、JETプログラムではコロナ禍での辞退や入国制限により、自治体で必要なALTの確保が課題となっている。

山陰（島根）22・3・24

大山町 給食費を無償化

議会が予算案可決

鳥取県大山町議会は23日、小中学校の給食費無償化の経費を盛り込んだ総額110億円の2022年度一般会計当初予算案を賛成多数で原案通り可決した。21年度は議会から異論が出て実現しなかったが、住民有志からの要望を受け再提案していた。当初予算案を含む32議案を原案通り可決し、閉会した。

給食費無償化の経費（3300万円）を含む学校給食費補助事業費は6700万円。21年度6月定例議会で、出生率向上を目指す竹口大紀町長が6月補正予算案に盛り込んだが、効果の検証が必要などとして多くの議員が反対。無償化の経費部分を議会が減額修正した。

同年11月、住民有志が小中学校給食費全額補助を含む子育て・教育の経済的負担軽減を求める要望書を竹口町長に提出。町議会はこの要望を12月定例会で採択した。

給食費無償化の実現について竹口町長は「議会で承認されてよかった。今後も子育て、教育環境の充実を図りたい」と話した。（柴田広大）

北國（石川）22・3・23

AI、IoT入門

高校向けに独自教材

県教委作成、全国初

県教委は、AI（人工知能）やIoT（モノのインターネット）を総合的に学習できる独自の入門教材を作成した。基礎知識に加え、県工業試験場や県内企業と連携して製造現場での導入事例なども掲載。新年度から県立高工業科の授業で活用する。県教委によると、同様の教材は全国初で、最先端の技術に関する知識を若いうちから身に付けてもらうことで、地域の産業界を担う人材の育成につなげる。

教材は53ﾍﾟの冊子で、AIやIoTに関する基礎的な情報をはじめ、製造業で生産性を向上させるための活用方法、IoTのプログラミング方法までを一体的にまとめた。GIGAスクール構想で生徒1人につき1台が配備されるタブレット端末でも閲覧できるようデータ化する。工業科1年の「工業技術基礎」の授業に用いる。

教材作成に当たり、工業科の教諭75人が昨年6、7月に県工業試験場や工作機械メーカー中村留精密工業（白山市）を訪ね、AIやIoTの活用事例を直接学んだ。このうち選抜された6人が県教委の指導主事らとともに冊子を作成した。

生徒が理解しやすいよう実例の紹介も充実させた。AI、IoTを実際に取り入れている中村留精密工業など県内6社に取材し、現場でどのように活用されているかや、その効果を解説した。

丸井織物（中能登町）では、織機の生産計画と稼働実績にズレが生じた場合、自動検知して修正するプログラムを導入した。ミスの修正に掛かる時間が短縮されたことなどを紹介している。

県教委の担当者は「先端機器への知識が豊富な生徒を輩出することで、産業界の発展につなげていきたい」と期待を込めた。

県教委が全国で初めてまとめたAI教材＝県庁

東京22・3・22

36%なお男女別定員

合格最低点 女子高くなる傾向

全国137公立中高一貫校

小学生が対象の入学者選抜の適性検査などがある全国の公立中高一貫校百三十七校の約36%に当たる十一都県と六市区の四十九校で、「男女同数」など性別ごとの募集定員があることが二十一日、共同通信の調査で分かった。このうち受検者数などを男女別に公表した四十四校中三十四校の二〇二二年度選抜では女子の受検倍率が男子と比べて約一・〇二～一・七五倍高く、残る十校では男子が女子より約一・〇三～一・三七倍高かった。

ジェンダー平等 ともに

一方でジェンダー平等の観点から五府県と四市の十五校が男女別定員を廃止した。

学校の男女別定員制を巡っては、合格最低点が男女で異なるため、性差別との批判が強まり、全国の公立高で唯一、全日制普通科で設けている東京都教育委員会が昨年、段階的な廃止を決めた。性別ごとの枠があると、女子の方が合格最低点が高くなり不利になる傾向があるとされる。公立中高一貫校では一部で依然、残っている実態が分かり、議論を呼びそうだ。

四十九校で男女同数や「いずれかが60%を超えない」などの定員制があり、各教育委員会は「発達途上の段階では男女バランスが取れている方が望ましい」などと説明。二二年度選抜では、このうち茨城、栃木、群馬、東京、高知、沖縄の六都県と、群馬県の伊勢崎市と太田市、さいたま市、埼玉県川口市、東京都千代田区、横浜市の六市区で女子の受検倍率が男子を上回る学校が計三十四校あった。

公立中高一貫校で男女別定員制がある自治体

あり	山形県、▲茨城県、▲栃木県、▲群馬県、千葉県、▲東京都、広島県、▲高知県、長崎県、宮崎県、▲沖縄県、▲群馬県伊勢崎市、▲群馬県太田市、▲さいたま市、▲埼玉県川口市、▲東京都千代田区、▲横浜市 （▲は女子の倍率が高かった学校がある自治体）
廃止	岩手県、神奈川県、長野県、大阪府、佐賀県、札幌市、千葉市、新潟市、長野市

男子が女子を上回ったのは山形、茨城、千葉、東京の四都県と横浜市の計十校。

男女別定員を廃止した学校は計十五校。千葉市、神奈川県、長野県と長野市、佐賀県は二一年度、岩手県と大阪府は二〇年度、新潟市は一七年度選抜から男女別定員をなくした。

今年四月に大阪府立に完全移管する元大阪市立校でも一四年度選抜でなくなった。このほか、七十三校では男女別定員が元々なかった。

男女別定員を巡っては、公立高で唯一残る東京都立の二一年春入学者の入試で、男女の別なく一律に選考すれば合格した生徒が女子六百九十一人、男子九十五人に上り、都教委が段階的な廃止を決めた。

調査は二月、文部科学省の学校基本調査などを基に、公立中高一貫校を設置する四十都道府県と二十市区の教委や、一部の学校、公立大学法人を対象に実施した。全国の自治体の傾向を見るため、国立中高一貫校は対象外とした。

子どもへの刷り込み 考慮を

「男女別」出席簿 まだ一部で 小学6.8% 中学は25.3%

都内・首都圏 政令・中核市調査

男女混合出席簿の導入状況（%）

	小学校	中学校
東京23区計	96.5	66.3
多摩地区計	92.1	48.4
横浜	100	100
川崎	100	100
相模原	100	100
横須賀	100	100
さいたま	100	100
川越	100	100
川口	7.7	14.8
越谷	100	100
千葉	100	90.7
船橋	1.8	0
柏	100	100
水戸	100	100
宇都宮	100	100
前橋	100	100
高崎	100	100
67自治体計	93.2	74.7

▒小中の導入率100%の自治体

※東京23区、多摩地区29市町村、首都圏6県の政令・中核市の計67自治体の教育委員会の回答に基づき作成。義務教育学校、特別支援学校などを除く

ジェンダー平等の観点から、公立小中学校で男女混合出席簿の導入が進んでいる。島しょ部を除く東京都内の区市町村と首都圏六県の政令・中核市計六十八自治体に尋ねたところ、小学校は93・2%が導入していた。一方、中学校は74・7%にとどまる。専門家は「男女別出席簿は『性別で分けられる』という意識の刷り込みにつながる。繰り返し、『男子が先』に呼ばれる影響は大きい」と改善を求める。（奥野斐）

男女混合出席簿は、出席番号で男子の後に女子が続くのは男女平等にそぐわないなどとして、一九八〇年代から導入され始めたとされる。本紙は、六十八自治体の教育委員会に現状を尋ね、「新型コロナで業務が逼《ひっ》迫《ぱく》している」という東京都福生市を除き回答を得た。

都内では小学校の導入は九割超。中学校は導入ゼロが十六自治体で、そのうち十三自治体を多摩地区が占め、武蔵村山市は「保健関係の個人情報が男女別で、混合名簿も作ると教員の負担が増す」と答えた。四月か

小中校に善意の楽器を

小松島市、寄付で税控除

ふるさと納税活用 全国から募集

徳島22・3・16

小松島市は、不要になった楽器を寄付してもらい、市内の小中学校で再利用する。中古品や貴金属を買い取る会社「アプレ」（東京）と協力し、全国から楽器を募る。査定してふるさと納税扱いとするため、寄付者は住民税などの控除が受けられる。県内初めての取り組み。

小中学校の音楽クラブや吹奏楽部で使われる楽器は10万円以上の高額なものが多く、古くなってもすぐ買い替えられない。市が市内13小中学校に聴いたところ、ほとんどの学校が購入予算が足りず、買い替えに苦慮していたため、楽器を寄せてもらうことにした。

希望者は、不要になった楽器の査定をアプレが運営するインターネットサイト「みんなでふるさと納税」から申請し、査定結果を受け取る。金額に納得すれば、アプレを通じて楽器を市に寄付する。その後、市が発行した受領証明書を使うと寄付額に応じた税の控除が受けられる。

自治体と企業のマッチング事業を展開する「官民連携事業研究所」（大阪府）が、楽器購入の財源に悩む小松島市と社会貢献活動をアピールしたいアプレを結び付けて始めた。

中山俊雄市長は「人口減少などで財源確保が厳しい中、楽器の寄贈はとてもありがたい。ふるさと納税のさらなる活用方法を探っていきたい」と話した。

アプレが用意した楽器の贈呈もあり、中山市長が芝田小と小松島南中の教諭に、それぞれトランペット2本とスネアドラム1個（計3万8千円相当）を手渡した。

アプレは今後、他の自治体でも同様の取り組みを進めていくとしている。問い合わせはアプレ、電話03（5817）8392。

（濱岡幸宏）

寄付されたトランペットを受け取る芝田小教諭（右）＝小松島市役所

東京22・3・20

ら全校で混合出席簿にする自治体が九区市町あった。

政令・中核市では、横浜やさいたまなど十二市が小中学校ともに全校で導入。一方、埼玉県川口市と千葉県船橋市は小学校でも10％未満で、「健康診断の際、男女別の方が利用しやすい。二つの名簿があると混乱する」などと説明した。神奈川県のある市教委の担当者が「出席簿を男女で分ける必要はない。その都度、名簿を作ればいい」という考え方とは対照的だ。

東京学芸大元学長で、日本女性学習財団の村松泰子理事長は「たかが名簿とも言われるが、子どもや教職員の目に触れ、日々使われる出席簿はジェンダー平等教育の土台だ。不必要に男女を分けていないか、問い直す必要がある。子どもへの教育効果を考えるべきだ」と強調した。

出席簿は学校教育法施行規則第二五条で、校長が作成しなければならないと規定。日教組の調査によると、男女混合出席簿の割合は二〇二〇年度は87・1％で、一九九三年度の11・5％から伸びている。

盛り土規制条例 可決
県議会 許可制、懲役刑も
7月施行

熱海市伊豆山の大規模土石流を受け、県が制定を目指していた盛り土規制条例案について、県議会は17日、全会一致で可決した。一定規模以上で盛り土を行う場合、県の許可が必要となり、違反者には最長2年の懲役刑を科す。土石流発生から1年となる直前の7月1日に施行する。

盛り土の面積が千平方㍍以上か、盛り土量が千立方㍍以上が対象。盛り土量を記載した管理台帳の作成や、土壌、水質の定期的な検査などを求める。無許可や命令違反の盛り土をした場合、地方自治法上限の「懲役2年以下または100万円以下の罰金」を科す。

従来、盛り土に関する規制は県土採取等規制条例に基づく届け出制だった。罰金も20万円以下で抑止力が弱いとされていた。

水源保全が必要な土地の適正な利用を図る水循環保全条例案も、全会一致で可決した。盛り土規制条例と同日に施行し、2023年度に運用を始める。

今後、県が民有林を対象に「水源保全地域」を指定し、同地域で土地取引や開発行為を行う場合、2カ月前に県への届け出が必要になる。不適切な土地利用を未然に防ぐ。

同条例に絡み、各部署がばらばらに管理している土地取引や許認可に関する情報を、データで一元的に管理する「土地利用情報システム」(仮称)を構築する。知事を本部長とする水循環保全本部も設置し、悪質な開発を見逃さない体制づくりを進める。

静岡22・3・18

マンションの適切管理認定
自治体の準備進まず
4月開始、5%どまり

マンションの管理計画が適切かを自治体が認定する新制度が4月1日に始まるが、同日に受け付けを始めるのは全体の5%程度の自治体にとどまることが国土交通省の調査で分かった。主要地域でも東京都の板橋区や町村部、名古屋市など一部にとどまる。

2020年成立の改正マンション管理適正化法に盛り込まれた認定制度だが、多くの自治体は準備に時間を要している。制度開始には、マンションがある区や市が管理の適正化のための計画を任意でつくることが必要だ。町村部は一般に都道府県が計画をつくる。

国交省の調査によると2月中旬時点で、4月1日までに同計画を作成するとしたのは、回答のあった区市や都道府県の5%程度の45だ。30%弱が計画作成の意向は持つが、時期は「24年度以降」など、かなり先の場合もある。さらに、計画作成後も事務的な準備時間を要す場合もある。

認定制度は適切な管理を促し、管理の良いマンションが中古市場で評価されることなどを目的に創設された。住宅金融支援機構も4月、認定マンションへの住宅ローンの金利優遇を始める。板橋区は「マンション所有者の意識を変え、管理不全の懸念を少しでも減らしたい」としている。

ただ、「場合によっては2年以上も開始時期が異なるのは普及にはマイナス」（コンドミニアム・アセットマネジメントの渕ノ上弘和代表）という指摘もある。認定可能な自治体が一部だけの状態が長引くと「認定の有無を基準に物件を選ぶ意識が醸成されにくい」（同）。制度普及には自治体だけではなく、国の一段の関与も求められる。

日経22・3・31

渋川市
住宅取得で最大50万円
居住誘導区域対象に補助

上毛(群馬)22・3・20

人口集約型の都市「コンパクトシティー」実現を目指し、渋川市は、立地適正化計画に基づく居住誘導区域内に住宅を取得する市民に対し、新年度に最大50万円を補助する方針を示した。郊外に拡散した住宅を、市役所やJR駅を中心とする地域にまとめ、持続可能な都市構造への転換を図る。市によると、市民を対象に同区域の住宅取得に補助を出すのは県内自治体で初。

同区域は中心市街地に相当する「渋川市役所周辺・渋川駅周辺」の327・9㌶と市南部の「八木原駅周辺」の23・6㌶の2エリア。補助の対象は、市民登録を

定。建築か購入の契約前に、市に認定申請する必要がある。開会中の市議会3月定例会に事業費1千万円を盛り込んだ新年度一般会計当初予算案を提案しており、25日に採決される。

琉球（沖縄）22・3・26

AIカメラでスポーツ配信

ISCO×名護市×NTT西日本

【名護】沖縄ITイノベーション戦略センター（ISCO、稲垣純一理事長）、名護市（渡具知武豊市長）、NTT西日本沖縄支店（古江健太郎支店長）の3者は、人工知能（AI）を用いてスポーツ映像の撮影・編集・配信を自動で行えるAIカメラを名護市の21世紀の森体育館に常設し、スポーツ映像配信による地域活性化のモデル事業を実施する。AIカメラシステムの導入は県内で初めて。

AIスポーツカメラを活用した地域活性化モデル事業に取り組む（左から）沖縄ITイノベーション戦略センターの長濱為一常務理事、渡具知武豊名護市長、NTT西日本沖縄支店ビジネス営業部の西川陽介部長＝25日、名護市の21世紀の森体育館

期間は1年間。日本ハンドボールリーグ（JHL）に参戦し、21世紀の森体育館をホーム会場にしているザ・テラスホテルズ「ラ・ティーダ」の試合などを常設型のAIカメラ「STADIUM TUBE Pro」で撮影する。会場の映像や音声はインターネット回線でクラウドに集積した後、試合展開を追う臨場感あふれる映像に編集され、約1分後に自動的に配信ページにアップロードされる。

27日に21世紀の森体育館で予定されている「第6回沖縄ファミリーマート杯争奪小学生ハンドボール大会」の男女決勝戦を、第1弾としてライブ配信する予定。

県内初、地域振興に一役

21世紀の森体育館以外に、21世紀の森屋内練習場やサッカー・ラグビー場でも可搬型のAIカメラ「STADIUM TUBE Lite」2台を活用できる。地域スポーツの映像配信を行うことで、地域振興につなげる取り組み。

ISCOの長濱為一常務理事は「名護市が先進事例として県内の地域活性化事業のモデルになることを期待している」と話し、NTT西日本沖縄支店の西川陽介ビジネス営業部長は「沖縄は復帰50周年。ICT（情報通信技術）を活用して沖縄社会の発展に貢献していきたい」と語った。

渡具知武豊市長は「市はスポーツコンベンションを強化しており、さまざまな事業で連携効果を生み出せると確信している」と期待を示した。

ライブ映像などは「名護スポーツLiveサイト」で視聴できる。

（松堂秀樹）

してから2年以上経過し同区域に一定規模の住宅を建築、購入する市民。補助金は基本額20万円に加えて①40歳未満②15歳以下の子どもを育てている―などの条件を満たすと、最大30万円加算する。

申請開始は4月1日を予

立地適正化計画は昨年11月に策定。目標として、2040年度までにJR渋川駅の駅前通り周辺の空き店舗をゼロ、同区域内の人口密度を20年と同じ1㌶当たり31・8人に維持することなどを掲げている。

（奥木秀幸）

温泉乱開発防ぐ 保護条例案可決

草津町議会

草津温泉を乱開発から保護するため、温泉利用を目的とした掘削をする事業者などに事前申請と町の許可を必要とする条例案が15日、草津町議会の本会議で賛成多数で可決された。4月1日から施行される。

掘削が温泉の湧出量などに影響を及ぼさないことが認められない場合、町は掘削を許可しない。温泉法では、掘削に知事の許可が必要と定めているが、町はさらに高いハードルを設ける。温泉開発に市町村の許可を求める条例は全国初とみられる。

町内では過去に地熱発電誘致が議論された経緯がある。黒岩信忠町長は本会議の質疑で「地熱発電は大きなリスクがあり、開発で草津温泉を駄目にしてはいけない。政治活動の集大成として条例案を作った」との考えを説明した。

条例案可決後、黒岩町長は上毛新聞の取材に「草津温泉を守る御旗ができた」とし、草津温泉観光協会は「温泉観光地として成り立ってきた町。われわれも同じ思い」と歓迎した。

（前原久美代）

上毛（群馬）22・3・16

盛り土不備 全国で1089ヵ所

政府は二十八日、全国を対象とした盛り土総点検の最終結果を公表した。千八十九カ所で不備が確認され、うち五百十六カ所では必要な災害防止措置が確認できなかった。大雨などで崩落する危険性もあるため、各自治体が詳細な調査を実施し、法令に基づく是正を求める。総点検は昨年七月の静岡県熱海市の土石流被害を受け、自治体職員が主に目視で点検。三月十六日時点で、調査対象の99・9％となる三万六千三百十カ所で完了した。

不備はほかに「廃棄物の投棄などが確認された」のが百四十二カ所。「許可・届け出などの手続きがとられなかった」のが七百二十八カ所、「手続き内容と現地の状況に相違があった」のが五百十五カ所だった。

一カ所で複数の不備が確認された例もあった。

自治体は、詳細調査を踏まえた災害防止措置の実施や、廃棄物の撤去を指導。必要な場合は、自ら対策工事を実施する。国が費用の一部を支援する。

ただ現行法では、土地の用途によっては規制対象とならないケースもある。このため政府は三月、盛り土全般を規制し、無許可造成や是正命令違反への罰則を強化する法案を国会へ提出した。

盛り土総点検の結果

対象箇所数	3万6354
点検終了	3万6310
不備が確認された盛り土※	1089
災害防止措置が確認できず	516
廃棄物の投棄など確認	142
許可・届け出など手続きなし	728
手続き内容と現地の状況に相違	515

※は1カ所で複数の不備が確認された盛り土がある

中日（愛知）22・3・29

公営住宅4割 災害リスク

国交省調査 撤去費補助へ

全国にある公営住宅団地の4割超が、水害や土砂崩れなど災害リスクのある場所に立地することが国土交

全国3万2951団地を管理する都道府県と市町村計1670自治体に、国や自治体が定める災害区域への

は「洪水浸水想定区域」が8688団地で最多。続いて「土砂災害警戒区域」が4853団地、「高潮浸水想定区域」が2017団地だった。

約1600団地がある東京都は、数が多く立地状況を確認できていないと回答したという。

海外水事業 北九州市が参入

カンボジア 自治体初、運営まで担う

北九州市は23日、第三セクター「北九州ウォーターサービス（KWS）」がカンボジアの上水道建設や運営を担う事業に受注企業として参入すると発表した。外郭団体を通じて自治体が海外の水道事業に参画するのは初めてという。

市は1990年からベトナムなど東南アジアを中心に上下水道の国際技術協力を継続。特にカンボジアでは水道普及に携わってきており、今回は設備建設後の運営まで担う。「長年の協力による信頼関係が、今回の事業に結びついた」（有田仁志KWS社長）と言え、北九州発の水ビジネス拡大にもつながりそうだ。

受注したのは、KWSやクボタ建設など5社の共同企業体（JV）。2024年までに首都プノンペンに隣接するタクマウ地区に浄水場を建設。1日当たり3万立方㍍、一帯の人口約8万人分の水を供給し、10年間はJVが運営する。事業費は28億8千万円。

市は、これまで協力相手国の事業計画案を作成し、事業体と日本側企業を仲介。今回の事業でも市職員や企業の技術者が運営指導に当たる予定で、北橋健治市長は「職員だけでなく地元関連企業の人材育成にも有益だ」と話した。（白波宏野）

西日本（福岡）22・3・24

老朽マンション 管理不十分16%

東京、地震時にリスク

東京都内で築40年に及ぶマンションの16%が修繕積立金がないなど管理不十分の状況にあることがわかった。入居者が高齢化し資金の負担余力が乏しくなっていることなどが背景。都は地震時のリスクや放置された空き部屋が犯罪の温床となることを懸念し、専門家を派遣して改善を促すなど対策を急いでいる。

管理組合設置を求める1983年の法改正以前からあったマンション（6戸以上）について、都は2020年4月に管理状況の届け出制度を導入。21年12月時点で管理組合や修繕計画など7項目について1つ以上「ない」と報告したのが1497棟あった。対象の1万1786棟のうち届け出のあった9436棟の16%にあたる。

都は20年4月に国家資格である「マンション管理士」や建築士ら専門家の無料派遣を始め、修繕計画の作成などを促してきた。それでも無料派遣の利用は12件にとどまり、現在は入居者に代わって外部に管理を委託する「第三者管理方式」の導入支援も検討している。

日経22・3・25

通省の調査でわかった。高齢の入居者が逃げ遅れて死亡した例もあり、同省は今後、建物撤去費を補助するなどしてリスクの高い建物を減らしていく方針だ。

国交省は昨年10～12月、立地状況を尋ねた。この結果、大阪府や福岡県など1323自治体にある1万4573団地が「洪水浸水想定区域」などの災害区域に立地しており、全体の44・2％に上った。リスク別で

2018年の西日本豪雨や19年の台風19号では、洪水浸水想定区域の団地に入居する高齢者らが犠牲となっていた。

読売22・3・21

データで読む

地域再生

全国で上水道などインフラの老朽化が問題になる中で、一部の市町村が水道料金の値上げや周辺の街との事業統合によって費用を絞り出し交換を進めている。2009年度から19年度にかけ、総延長距離のうち設置から40年を超す老朽管の比率が下がった地域は、データを比べられる全国1367のうち141と10％を占める。

水道網、141の街「若返り」

老朽管交換費 捻出へ工夫

上水道は主に市町村が事業主体となり運営している。日本水道協会（東京・千代田）の水道統計をもとに老朽管の比率の増減を比べた。この10年間にできた水道事業者や、統計が整っていない事業者は除いた。国内の老朽管は約13万9千キロメートル分あり全体の19・1％を占める。09年度の7・1％から跳ね上がった。

上水道は市町村の他の事業とは独立した採算で、料金収入で費用を原則まかなう。財源が厳しい中で老朽管の取り換え費用を得るには、まずは値上げが選択肢。福岡県行橋市は05年に平均で13％引き上げ、収入を年間約1億円増やして更新費の確保につなげた。漏水などの事故は19年度に165件と10年前より7割減っている。高知市も02年に8％値上げした。

値上げには住民の理解が欠かせない。17年に料金を15％引き上げた埼玉県深谷市では値上げ前に、従業員を減らしてきた経緯など経営状況についてパンフレットにまとめ全戸に配った。同市では、給水を受ける人口が10年前より3％少ない。「収入が減り続ければ更新ができない可能性があった」（企業経営課）

近畿大学の浦上拓也教授（公益事業論）は「人口が減り続けると多くの地域が値上げに踏み切らざるをえない。周辺と料金差が広がれば、住民や企業がさらに流出する悪循環に陥る可能性がある」と指摘する。

福岡・行橋値上げ 奈良では運営統合

運営を一体化してコストを抑える動きも盛んだ。青森県東北町は17年までに町内8つの小規模な事業者と統合、更新費などを国が補う制度を使い老朽管を置き換えた。

21年には奈良県の大半の市町村が水道事業を統合する覚書を結んだ。25年度には料金を一本化して統合から30年で施設整備費を260億円減らす考えだ。大和高田市は02年に15％値上げして水道管の更新が進み、19年には隣の橿原市と一緒にメーター検針や利用受け付けを、民間に委託してきた。20年度まで水道事業は黒字が続いているものの「市単独では更新を進められなくなる可能性がある」（水道総務課）と説明する。

水道管で事故が起きれば生活に大きなあおりが及ぶ。21年10月には和歌山市で完成から46年の、紀の川の水管橋が崩落した。約6万戸が断水、解消に約1週間かかった。

高度成長期に埋設された水道管は材料が劣化しやすい。水漏れなどによる水量の減少や断水といった事故は19年度に全国で少なくとも2万件。16日の東北地方の地震では福島・宮城両県で最大約7万4千戸が断水した。

自衛隊施設への給水に伴い水道管を大きく入れ替えた徳島県松茂町や、人口が増えてきた茨城県つくばみらい市のような街は一部。全国の水道管は19年度に交換されたのは0・67％。全て交換するには約150年かかる計算だ。

ただ最近は最新の技術を用いて管理を試みる自治体も現れてきた。愛知県豊田市は土壌の成分や人口といった情報を人工知能（AI）で分析、破損しやすい場所を割り出す仕組みを20年から使っている。22年2月にはスタートアップの天地人（東京・港）と、衛星から地表に放射した電磁波の反射率などから水道水が漏れ出している場所を割り出す実験も始めた。

（植田寛之、山崎純、城戸孝明）

■データで読む 地域再生 1

老朽水道管比率%の上昇幅
（2009年度と19年度を比較）

老朽水道管の比率%が下がった地域
（09年度と19年度を比較）

		ポイント
1	徳島県松茂町	▲39.2
2	奈良県大和高田市	▲20.7
3	愛知県蟹江町	▲19.6
4	静岡県（榛南）	▲19.2
5	福岡県行橋市	▲19.0
6	青森県東北町	▲18.7
7	愛知県南知多町	▲18.6
8	茨城県 つくばみらい市	▲16.3
9	和歌山県 那智勝浦町	▲13.4
10	大分県 豊後高田市	▲13.2

（注）水道事業者の名称、▲はマイナス、日本水道協会の水道統計より作成

全国で老朽水道管は10年で3倍以上に伸びた

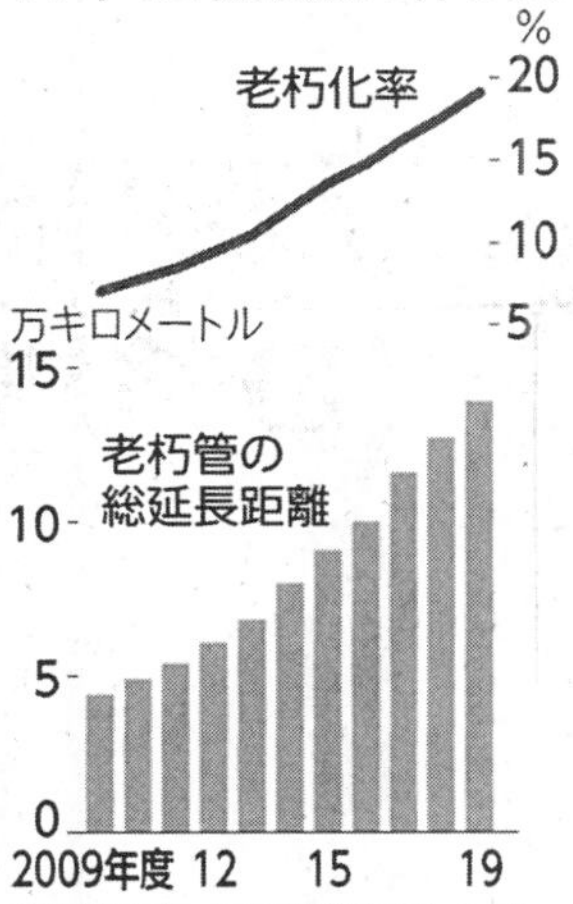

（注）厚労省、水道技術研究センターの資料より作成

日経22・3・26

都内の老朽水道管比率17％

遠隔操縦で工事効率化

関東地方でも老朽水道管の更新は焦眉の急だ。福島県沖で16日発生した地震では、広い範囲で大きな揺れを観測。水道管耐震化の必要性が改めてクローズアップされた。料金値上げやデジタル化による省力化で水道事業の経営体力を高め、「減災」を目指す取り組みが急ピッチで進む。

東京都は水道管の工事現場で無人重機を活用

データで読む 地域再生

センサー付き管も検討

つくばエクスプレスで東京都心から約40分。茨城県つくばみらい市では、アクセスの良さから人口増が続く。給水人口も増えているが、市の予測では2030年に5万1274人とピークに達し、減り始める見通しだ。

市が保有する配水管など管路資産の総延長は約408キロメートル。09～19年に老朽水道管の割合が約16ポイント減少し、敷設後40年以上経過している「経年化管路」は約10%にあたる約40キロにとどまる。だが、「何も手を打たなければ30年度以降、老朽管路の割合が急速に高まる」と都市建設部上下水道課は危機感を募らせる。

35年度以降「経年化管路」とさらに古い「老朽化管路」が半数に達し、55年度には9割以上の管路が「経年化管路」と「老朽化管路」になる見込み。こうした事態を避けるため同市は、給水人口が比較的多く経営体力のある今のうちに管路更新を急ぐ。

16日夜に宮城県と福島県で最大震度6強を観測した地震では、つくばみらい市も震度4を観測。大きな被害はなかったが、水道管耐震化の必要性が再認識された。同市の耐震区分では非耐震管が約82%。耐震管は約4%にすぎない。市がまとめた30年を最終年度とする「水道ビジョン・経営戦略」では、毎年約2億円を投資。老朽化した施設の更新と耐震化を進める計画だ。

関東・山梨の水道管の19年度老朽化率

都県名	老朽化率	上昇幅
東京	17.6%	13.6ポイント
神奈川	26.5	19.1
千葉	25.8	17.7
埼玉	16.0	10.5
山梨	13.9	10.5
茨城	12.0	9.1
群馬	13.8	8.5
栃木	11.3	8.4

(注)上昇幅は09年度比、日本水道協会の水道統計から日経まとめ

神奈川県の老朽水道管の比率は26・5%で、09～19年で19・1ポイント上がった。財政事情が厳しい中、水道施設の更新や耐震化を進めるため、横浜市は21年7月、水道料金を改定。平均12%値上げした。値上げは20年ぶりだ。

市水道局によると以前の料金体系のままでは、横浜水道中期経営計画が終了する23年度末までの水道料金収入は1634億円の見込み。必要経費の1830億円に196億円足りないという。

節水型の蛇口やトイレなどの普及で1992年度をピークに水道使用量は減少。人口減少にも備えるため、大口使用者への依存が高い料金体系を見直した。市水道局は「高度成長期に急速な市街化に伴い導入した老朽水道管が顕在化している」と指摘。年間100キロメートル程度のペースで老朽管を交換しているという。

東京都でも人口減に伴う料金収入や労働力減少への対応が課題だ。効率経営に向け、デジタル技術を試行的に導入している。遠隔地から操縦できる無人重機を工事現場で活用したり、工事関係の書類を電子化するなど省力化を進める。

センサー付き水道管導入も検討中だ。都水道局は「流量データを活用できれば、漏水検知や需要把握につながる」とし、最先端技術による効率化を模索する。

都はいち早く最新技術を取り入れてきた。1960年には強度の高い「ダクタイル鋳鉄管」を採用。2019年には配水管の99・9%がダクタイル管になった。ポリエチレンで被覆した場合、供用年数は70～90年と長く、時間が経過しても「水道管自体は丈夫」（都水道局）という。ただ、交通量の多い交差点など施工が難しい場所では、老朽化による漏水リスクが高い管路が点在する。こうした脆弱な管路の更新を目指す。

水道事業の課題解決に商機を見いだす自治体もある。横浜市が全額出資する「横浜ウォーター」は21年8月、千葉県の木更津、君津、富津、袖ケ浦の4市などが水道事業を統合するため設立した「かずさ水道広域連合企業団」と水道ビジョン策定支援などで契約した。

同社は横浜市水道局が培った技術やノウハウを生かし、国内外で水道事業のコンサルティングを手掛ける。企業団は19年に発足したが、統合作業は大きく動いていない。助言を参考に経営の効率化を進め、設備更新と安定供給の両立という難題に挑む。

このほか、埼玉県羽生市は12年度、「羽生市水道ビジョン」を策定。老朽水道管の更新を進めてきた。20年度末時点で老朽水道管の更新率は約96%で成果を上げている。

市は21年度にビジョンを改訂、30年度までの水道管整備計画をまとめた。残る4%の更新は26年度末までに終える計画だが、1960年代に敷設した水道管も一部残る。「浄水場や配水場の老朽化も著しい。料金も30年以上据え置きで財政は厳しいが、安全に水道を供給するため整備を進めたい」（水道課）という。

（伏井正樹）

日経22・3・26

福岡市地下鉄新駅

電気室などで導入

冷房に下水熱を利用へ

福岡市地下鉄は2023年3月の延伸で新設する七隈線博多駅の電気室などを下水道管内の下水に浸す構造で、安定した水温を使うことで温度差が大き

水道料金・使用量 アプリで一目瞭然

都、10月めどに運用開始

都は、水道使用量をスマホアプリで確認できるスマートメーターを導入する。検針作業の自動化でペーパーレスとなり、利用者はアプリで水道の申し込みや料金の支払いもできる。4月から専用機器の設置などを始め、10月をめどにサービスを開始する予定だ。

水道メーターを通信機能付き電子式メーターに取り換え、遠隔で検針できるようにする。これまで人の目で確認してきたが、現地を訪れる必要がなくなる。

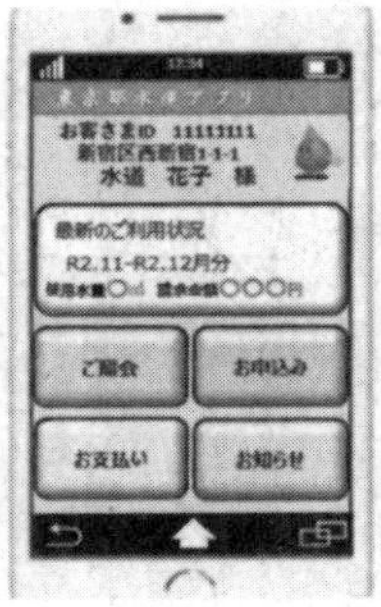

都が一部地域で設置を始めるスマートメーターの情報を閲覧できるアプリ画面イメージ＝都提供

利用者は使用量や料金をスマホで把握できる。検針時に発行していた検針票や請求書は、アプリで電子配信し、紙の希望者には郵送する。料金の支払いや各種手続きもアプリで受け付ける。

また、データを蓄積するセンターで一定量を超えた使用や漏水、長時間の不使用、蛇口の閉め忘れが懸念される夜間使用を覚知すると、利用者にアプリやメールで通知する見守りサービスも始める。

一部地域で3年間に約13万個を設置し、効果を検証する。先行導入するのは、官公庁が集中する都心部や災害時の拠点病院がある地域、住宅と商業施設の混在地域、給水所がある工業地域など。学校や公園、都営住宅、山間部も含めた。

費用は電子式メーターと通信機器の購入やデータセンター設置、自動検針システムの整備などで約50億円を想定。2022～24年度に先行地域で設置し、技術的な課題を検証して30年代までの全戸導入をめざす。

（小林太一）

朝日22・3・17

全バス停にベンチ設置

福岡市「一息つける空間に」

’22予算案

福岡市は2022年度、外出中に誰もが気軽に休憩できるよう、市道の全てのバス停にベンチを設置する。市が16年度からバス停を中心にベンチを設置していた「ベンチプロジェクト」を拡充する。22年度一般会計当初予算案に事業費6932万円を計上している。

市はこれまで、ベンチの設置費用を補助したり市民に寄付を呼び掛けたりしてベンチの設置に取り組んできたが、バスの利用者以外にも高齢者や障害者、妊婦などに休憩の場として活用してもらおうと、ベンチ設置の拡充を決めた。

市内では現在、ベンチを置けるスペースがあるバス停が約千カ所あるが、市が道路管理するバス停約560カ所のうち約350カ所はベンチが未設置。新たなベンチは据え置き式で、設置に工事が必要だった従来の埋め立て式に比べ、コストが4分の1ほど削減できるという。

担当者は「バス停は市内に点在していて、休憩場としてもニーズが高い。誰もが一息つける空間をつくりたい」と話している。

（野間あり葉）

西日本（福岡）22・3・24

で、下水の熱を利用した冷房設備を導入する。下水熱を活用した冷暖房は従来の空調と比べ、設備維持費を年間百数十万円抑制できる見込みで、年間約5万3千㌔㍗時の電力削減効果もあるという。国土交通省によると、下水熱による空調の導入は九州初。

水温が常時20度前後の下水の特徴を利用したシステム。従来の空調は室外機の熱交換器が外気との温度差を利用して温めたり、冷やしたりして温風、冷風にする。一方、博多駅の設備は空調の熱交換部分く、熱効率が高くなるという。

同駅では、配電盤やサーバーなどを備えた駅の電気系統の管理をする2部屋で導入。機器が発する熱で内部は30度超になることもある暑さで、機器の正常な作動や長寿命化のため、常に冷房が必要という。

市は延伸区間の新駅「櫛田神社前」の一部スペースでも20度前後の地中熱を利用した同様の仕組みの設備を導入予定。同駅では約6千㌔㍗時の電力削減効果を見込む。市は22年度一般会計当初予算に両駅での整備費計約5千万円を盛り込んだ。

下水は絶えないエネルギー源として注目され、15年の改正下水道法が民間利用を大幅に緩和。国交省によると、全国で32例（20年8月末時点）あり、オフィスビルやホテル、農業用ハウスのほか、温水プールの加熱や道路の融雪の例もある。

（小川俊一）

西日本（福岡）22・3・29

●交通・港湾／土木・公園

通学路の悲劇繰り返すな

八街事故受け国が新設

ゾーン30プラス

速度規制×構造物

され、時速30㌔の速度規制と、
差に見える舗装が施された市
橋市古作３

八街市で下校途中の児童5人が飲酒運転のトラックにはねられ死傷した事故の刑事裁判はあす25日、千葉地裁で判決が言い渡される。児童は通学路を歩いていて事故に遭ったことから、悲劇を繰り返さないために通学路や生活道路の安全確保が急務になっている。事故を受けて国が新設した交通安全策の一つが「ゾーン30プラス」だ。速度規制と、道路の幅を狭くする「狭さく」などの構造物を組み合わせ、歩行者が安心できる区域の創出を目指す。船橋市古作地区の住宅街の市道に県内で初めて導入され、今月から運用が始まった。

生活道路や通学路の歩行者の安全確保策としては、指定した一帯で車の速度を時速30㌔以下に規制する「ゾーン30」が従来からあり、県警によると、県内では昨年3月末時点で198カ所を設定している。

速度規制と構造物による対策を組み合わせた「ゾーン30プラス」は昨年6月の八街の事故後の同8月、警察庁と国土交通省が新施策として共同発表。警察と道路を管理する自治体が連携し、30㌔以下の速度規制に加え、幹線道路からの入り口に道路の幅を狭めるポールや段差があるように見える舗装などを施す。

船橋に県内初

今回は、船橋市と県警本部・船橋署が地元住民と協議して導入した。対象は市立法典西小の通学路も含む約116㌶の範囲内の市道。市などによると、渋滞を避けたい車が抜け道に使っている。ビッグデータの分析でも裏付けられ、地元住民が対策を求めていた。「ゾーン30」規制はされていなかった。

道の入り口18カ所には県警側が速度規制の標識を設置し、市側は路面に「ゾーン30プラス」と色付きで大きく描いた上で、段差があるように見える舗装や補助看板を整備した。市の事業費は約1千万円。

このうち、中山競馬場前の幹線県道に近い同市古作3の1カ所の入り口には、約4㍍ある道幅を約3㍍に狭めるポールも設けた。段差に見える舗装と併せ、速度低下を心理的・物理的に運転者へ促す。

脇の別の市道の途中には信号機がある一方、この住宅街の市道には信号がないため、抜け道に使われやすかった。近くに住む50代女性は「朝夕は猛スピードの車もいたので、対策はありがたい」と話した。

ゾーン30プラスは、実際に段差を設ける場合もあるが、今回は通過時の振動を避けるため、段差に見える舗装にした。別の場所でも住民からゾーン30プラスの導入要望があるという。

千葉22・3・24

道路の損傷・不具合、スマホで通報

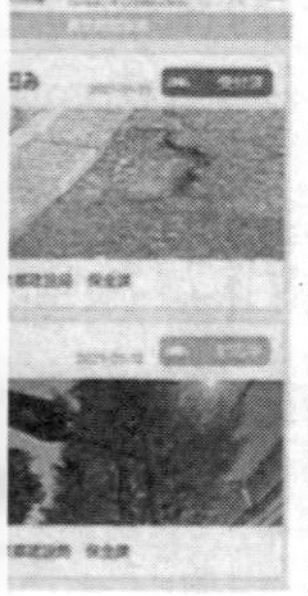

東京都は2022年度から、道路の損傷や不具合を都民がスマートフォンで通報できるシステムを本格導入する。島しょ部も含めた都道全域で運用する。都民と一緒に道路状況を確認することで、事故などが起きる前に速やかに補修などの対応ができるように

共助バスの運転手（左）から割引乗車証明者を受け取る利用者＝22日、鳥取市佐治町加瀬木

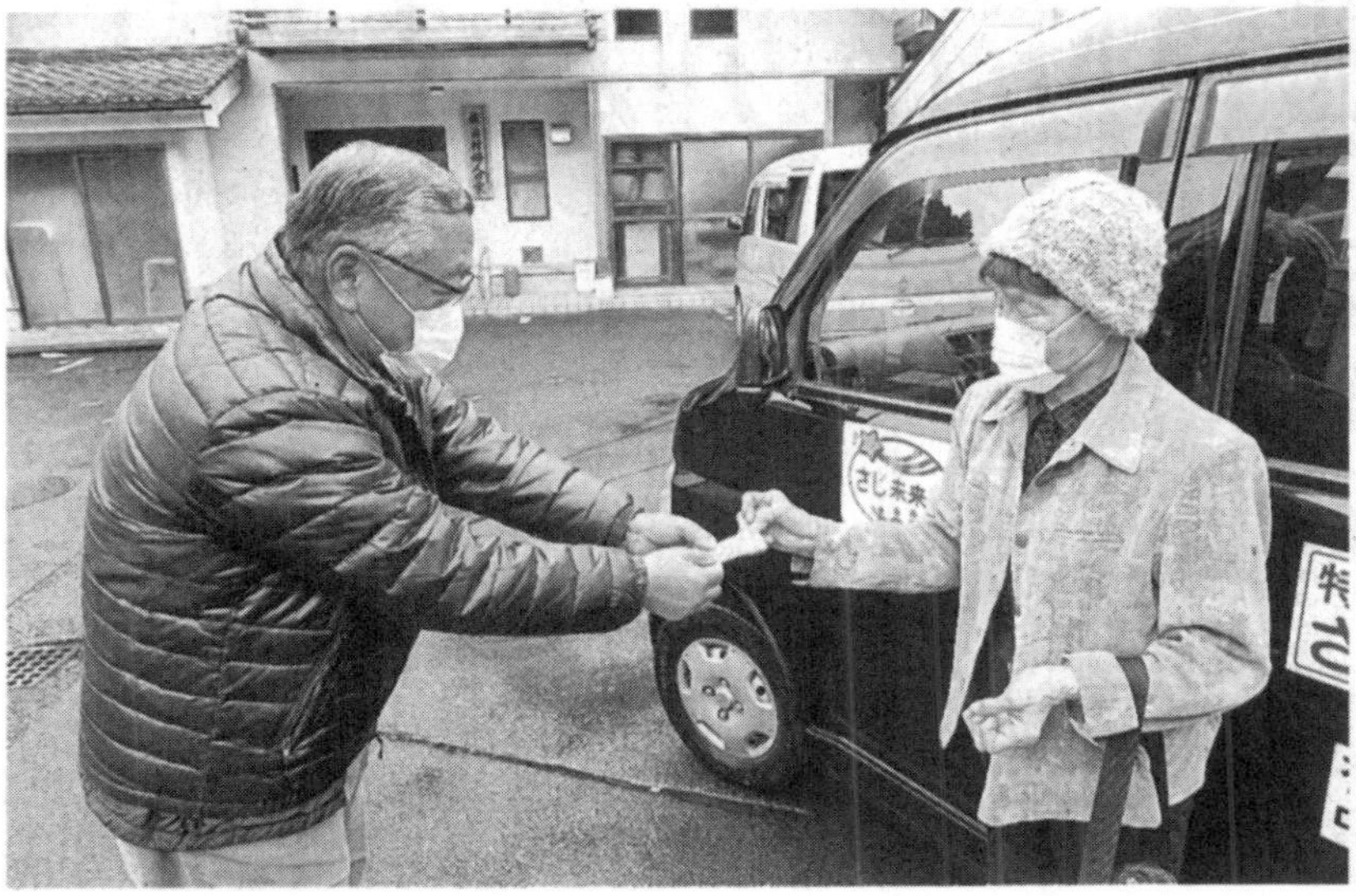

「共助交通」とスーパーがタッグ

日本海（鳥取）22・3・29

乗車証明書で商品5％引き

佐治で新サービス開始

鳥取市佐治町で、共助交通を利用すると地元小売店の割引券がもらえるサービスが始まった。鳥取県東部でスーパーマーケットなどを展開するトスク（鳥取市）と、共助交通を運営するNPO法人「さじ未来」（同）が共同で実施。県によると小売事業社と共助交通の連携事業は県内では初めてで、中山間地の暮らしの維持に向けた取り組みとして注目される。

同町は人口減少と少子高齢化が進んでおり、高齢化率は50％を超える。共助交通「さじ未来号」は市営バスの廃止に伴い、昨年10月に運行開始。月、水、金曜は市営バスが走っていたルートを時刻表に沿って運行し、火、木曜は住民の予約に応じて、自宅などの出発点と町内の小売店などの目的地を結ぶ。

運行開始以来、1カ月に約150人が利用。同法人によると、多くが同町や隣町の用瀬町にあるトスクへの買い物や個人病院への通院に利用しているという。

新たなサービスは22日に開始。「さじ未来号」を利用すると乗車証明書がもらえ、当日に限り、トスク佐治店か同用瀬店で証明書を提示すると商品が5％引きとなる。

同法人の青柳亮治主任は「共助交通を使うメリットを利用者に提示できる。利用促進につながれば」と期待。トスクの小谷寛社長は「地域の店として住民の生活を維持し、生活改善の一助になれば」と話した。

行政も取り組みに注目する。市交通政策課の筒井真二課長補佐は「共助交通と小売店の維持は中山間地の課題。相乗効果が期待できる」としている。

（中村芙美子）

「ゾーン30プラス」に指定
道幅を狭めるポールや段
道の入り口＝10日午前、船

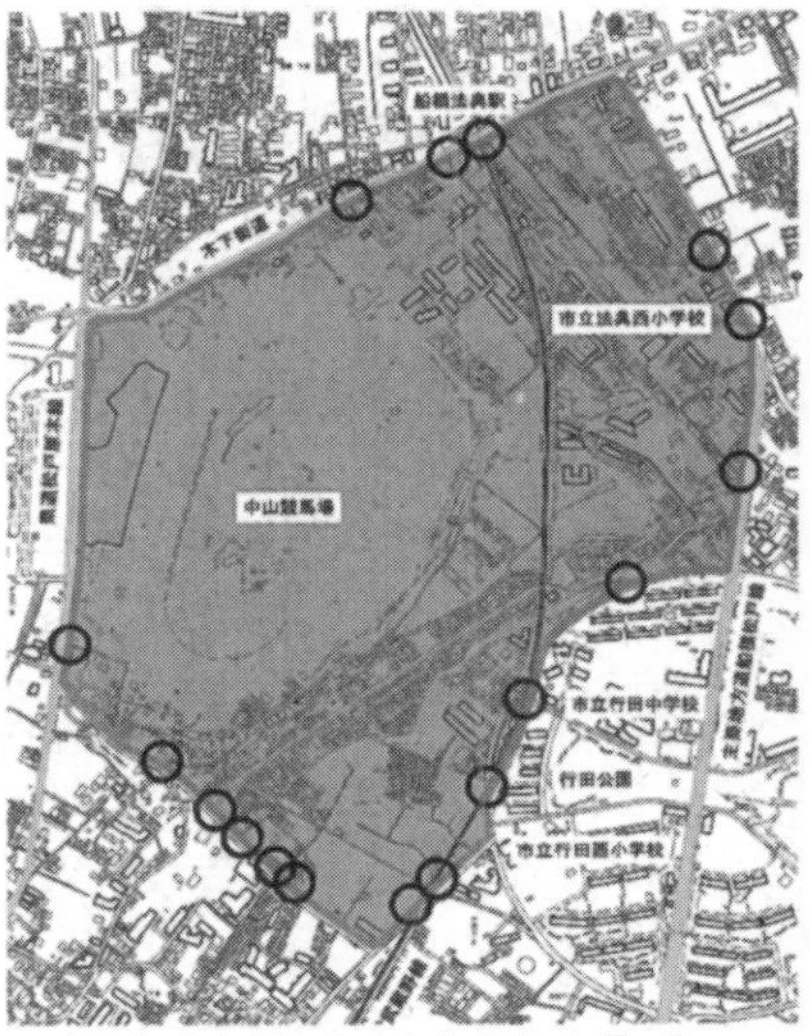

網かけ部分が今回の「ゾーン30プラス」の適用範囲。丸印は対策を施した入り口（船橋市提供）

する。

都民は損傷や不具合を見つけたら、スマホの

道路の損傷や不具合を通報できるアプリの画面イメージ

専用アプリ上で写真と全地球測位システム（GPS）の位置情報を投稿する。都が状況を確認して必要な場合は補修工事などの対応をとる。

これまでは電話などで通報されてきたが、アプリが導入されれば夜間など窓口が開いていない時間にも対応できるようになる。19年度から試行してきたが、正式に導入される。

日経22・3・19

公共トイレの代わりに
コンビニへどうぞ
大和 高齢者支援で7店舗

大和市は高齢者の外出支援の一環として、2月1日からコンビニのトイレを「公共のトイレ」として誰でも利用できるようにする協力店登録事業を開始した。呼び掛けに市内の7店舗（14日現在）が応じ、出入り口に専用ステッカーを貼付して周知している。（山口 譲一）

大和市の「公共のトイレ」の協力店であることを示すステッカー
＝同市代官2丁目のミニストップ

市環境管理センター施設課によると、市が維持管理する公衆トイレは大和駅前とつきみ野駅前の計3カ所と少なく、43カ所の公園内のトイレは夜間は特に安全面で利用しにくい課題があり、24時間営業のコンビニに協力を求めた。近隣では東京都町田市に先行事例があり、参考にしたという。

コンビニ業界では、商品購入の有無にかかわらずトイレを開放するサービスが定着している。災害時に帰宅困難者らに飲料水を提供する協定を自治体と結ぶなど、社会的インフラの役割も果たしている。

一方、内閣府が実施した高齢者の意識調査では「トイレが少ない、使いにくい」ことが、外出時の障害の一つになっていることが分かった。市民から公衆トイレの改善を求める要望も続いていた。

市内のコンビニは約110店舗あり、2022年度は半数の約50店舗の登録を目指す。協力店には年間200ロールのトイレットペーパーを支給し、市ホームページで4月以降に所在地を掲載する。

ミニストップのFC営業本部担当者は「大和市内には4店あり、登録申請に関しては集客効果など各経営者の判断に任せている。トイレ開放は以前から行っていたので違和感はない」と話している。

ただ、業界内には清掃負担やトラブル発生時の責任を懸念する声も聞かれる。

同課は「要介護の前段階にあるフレイル（虚弱）を防ぐには運動や社会参加が重要とされている。外出支援に高齢者が安心して自由に使えるトイレを増やしていきたい。店側の負担を減らすために適正利用を呼び掛けるポスターも提供している」と説明している。

神奈川22・3・16

県事業者に最大30万円
経済支援拡充34億円
追加補正可決

福井県は16日、新型コロナウイルスの流行「第6波」の影響で疲弊している事業者に対する追加経済対策を発表した。1事業者あたり最大10万円を給付する事業継続支援金を30万円に拡大する。杉本達治知事は「感染が急拡大し、今月9日に特別警報を発令した。影響の長期化、深刻化を踏まえた」と理由を述べた。

定例県会最終日の16日、県は経済対策、生活支援に総額34億円を盛り込んだ本年度2月追加補正予算案を提案し、可決された。閉会日に大型の追加予算案を提案するのは極めて異例。

県は2月補正予算に中小企業者等事業継続支援金として約15億円を計上。1～3月のいずれか1カ月の売り上げが2019年以降の同月比で3割以上減った事業者に5万～10万円給付する内容で、今月11日から給1万6千と見込み、このうち売り上げが7割以上減少した事業者は8千に上る。既に申請を終えている事業者が増額対象となった場合は追加給付する。

また、感染拡大による生活困窮者に無利子で貸し付けを行う「緊急小口資金」「総合支援資金」の申請受付期間を、当初の3月末から6月末まで延長。生活困窮者に最大60万円を給付する「自立支援金給付事業」の受け付けも6月まで延長する。

第6波のピークアウトが見えない中、飲食店を中心とした事業者や県会からは一層の経済支援を求める声が強まっていた。16日開かれた県会予算決算特別委員会で自民党福井県議会の仲倉典克会長は、最終日に予算が提案されたことを「当初の見込みが甘かったのではないか」と指摘した。

追加補正予算では、新型

起業家教育は若年層から

首都圏自治体、取り組み広がる

東京都は小中学生を対象にした「起業家教育プログラム」を実施している（都提供）

千葉市では起業家精神教育についてシンポジウムが開かれた

自治体が主導する若年層向けの「起業家教育」が首都圏で広がっている。新型コロナウイルス禍をはじめ、社会情勢が目まぐるしく変わる中、課題や需要を捉えて仕事につなげられる力を若年層に身につけてもらう狙いがある。

千葉市は産学官で事業

千葉市で、産学官が共同で市内の小中高校生向けに起業家精神を養う教育事業「ちばアントレプレナーシップ教育コンソーシアム シードリングス オブ チバ」が始まった。参加するのは、市と千葉大学など3大学、JFEスチール、千葉銀行、教育事業のビジネス・ブレークスルーなど産学官計13者。

千葉市と千葉大は2010年から毎年、小学生向けの起業体験プログラム「西千葉子ども起業塾」（定員30人）を開いているが、対象を広げようと産学官で新たな枠組みを立ち上げた。

神谷俊一市長は「自ら仕事を創出し、生き抜いていける子どもたちを育てたいと考えてきた。千葉がアントレプレナーシップ教育のトップランナーとして次世代の人材育成をけん引できるような組織を目指す」と話す。市の担当者も「コンソーシアムが将来的に企業誘致などにつながれば」と期待する。

2月に開いたシンポジウムには、オンラインも含め約130人が参加。うち6割は高校生以下の保護者だった。ミクシィの木村弘毅社長が登壇したほか、「子どもが『稼ぐ力』を身に付けるために親ができること」をテーマにパネルディスカッションを実施。今夏をめどに、小中学生を対象に大学生がスタッフとして参加する起業体験プログラムも開く予定だ。

都、22年度は小中11校で

東京都は児童生徒を対象にした「起業家教育プログラム」を、応募があった都内小中学校で展開。20年度に7校で初めて実施し、21年度は次年度に実施する11校を決めた。学校側の希望を取り入れながら作成するカリキュラムに沿って、会社の設立や商品開発、販売などを子どもたちが実践的に学ぶ。

都が目指すのは、目標である「30年の開業率12%」達成だ。中小企業白書によると、都の19年度の開業率は4・8%。都の担当者は「開業率は海外に比べて低い。近年は個人商店が減り、子どもが商売を学ぶ機会も減っている。起業家の裾野を広げるためにも、教育プログラムを多くの学校に広めていきたい」と話す。

埼玉県も、18年度から若い世代の起業家育成を目的とした起業家講座を毎年実施する。毎年20～30校程度の県内中学・高校が応募し、全生徒が参加する学校もある。講座はeスポーツ大会の支援事業を展開するゲームテクター（さいたま市）の新井晶也氏、美容サロンを運営するアイエフラッシュ（同市）の南まゆ子氏ら埼玉県ゆかりの起業家が講師を務め、起業の経緯や苦労話、やりがいなどを実体験に基づいて語る。

講座とは別に、県は若者や女性の起業家支援補助金なども用意し、関心を持った若者に制度を紹介する。県産業支援課の担当者は「講座を続けて実際に起業する若者を増やしたい」と話す。

20年度から若者向け「起業家マインド育成プログラム」を実施しているのは横浜市。起業家を講師に招き、経営の基礎知識を教えビジネスプラン作成に挑戦してもらう内容で、21年度は38人が参加した。

市は横浜市立大学や神奈川大学など市内4大学と連携する予定で、既に4大学は1月に学生らを対象にした起業家支援のWebプラットフォーム「YOXOカレッジ」を発足。連携して講座開催などに取り組む。

22年度からは市立の小学校から高校までを対象に、社会課題の解決を目標とした起業に仮想で取り組むワークショップの導入も検討中。まず関心のある学校を募り、5校程度を目標に実施することを目指す。

（桜井芳野）

日経22・3・24

ハッシュタグ # hashtag

#起業家教育　会社経営を疑似体験してもらい、創造性や課題解決力などアントレプレナーシップ（起業家精神）を養う教育手法。教育の中で、チャレンジ精神、探究心、情報収集・分析力、判断力、実行力、リーダーシップ、コミュニケーション力など、起業以外にも必要な力を身に付けられる。中小企業庁の調査では、日本の開業率は4・2%で、英国（13・5%）、フランス（10・9%）、米国（9・1%）と比べると見劣りする。国は開業率を10%台に引き上げることを目標としている。

付が始まっている。

追加経済対策では対象期間を4月まで延長。売り上げの減少幅が3割以上5割未満の場合は10万円（従来は5万円）、5割以上7割未満は20万円（同10万円）に倍増し、7割以上減少した事業者には30万円を給付する。県は対象事業者数をコロナウイルス感染症拡大防止協力金が未執行となったため71億円を減額。財政調整基金を13億円取り崩し、追加経済対策の財源を捻出した。2月追加補正予算としては37億円の減額となり、補正後の本年度一般会計予算は6302億円。

（宇野和宏）

福井22・3・17

受注分担をデジタル化

依頼にかかる時間10分の1に

大田区と町工場がシステム

I―OTA(アイオータ)などが7月ごろに運用を始める。ネット上の専用プラットフォームで大手企業や研究機関などから発注を受け付け、注文内容を得意とする町工場が仕事を引き受ける。受発注の調整は同協会やアイオータが担う。町工場側から受注の希望を出すこともできる。

仲間まわしは切削や研磨など得意分野が異なる町工場が工程を分担して製品をつくり上げる慣習で、技術や生産量の面で1社では受注しにくい案件も受けやすくなる。現在は大手などから注文を受ける「ハブ工場」から協力工場に仕事を依頼する際、電話やファクスが使われることも多い。

新システムではネット上での情報共有に切り替える。これまでの試験運用では依頼にかかる時間を10分の1ほどに抑えられたという。ファクスで受信した図面が読み取りにくく、内容を問い合わせる手間もなくなる。

のフルハートジャパン(大田区)の国広愛彦社長は、特に「企画や提案が必要なものづくりの上流工程での受注を強化していきたい」と話す。

東京の町工場は単純作業や大量生産で地方や海外の大規模工場と価格競争をするのは難しい。一方で、大手企業からは「最近は『何かいいものはないか』と提案を求められることが増えている」(国広氏)という。ただ、提案が町工場の無償サービスとして捉えられることが多く、必ずしも収益には結びついていない。

新システムで発注者に対する提案力を町工場全体で高めつつ、「提案の対価をしっかりと求め、町工場の価値を明確にしていきたい」(国広氏)考えだ。将来的には全国各地の町工場に参加してもらう構想もあるという。大手にとってはそれぞれの町工場の特色に詳しくなくても、窓口が一元化されるため発注がしやすくなる。

銭湯文化親しんで 市内の学生無料に

神戸市内在住か市内の大学に通う大学生を対象に、銭湯(一般公衆浴場)32施設の入浴料が無料になる市の試みが今夏、始まる。経営者の高齢化が進む中、後継者不足を解消し、地域の交流拠点存続につなげようと発案。若者に親しんでもらい、会員制交流サイト(SNS)での魅力発信を通じて銭湯文化の「復権」を目指す。

(名倉あかり)

地域の交流拠点存続目指し

市が今夏から実験 SNSでの魅力発信期待

市環境衛生課によると、1993年に196軒あった市内の銭湯は、95年の阪神・淡路大震災で倒壊、閉店するなどし、98年には96軒に半減した。娯楽施設を含むスーパー銭湯の台頭もあって、現在は北、西、須磨区を除く6区に32施設が残るだけとなった。

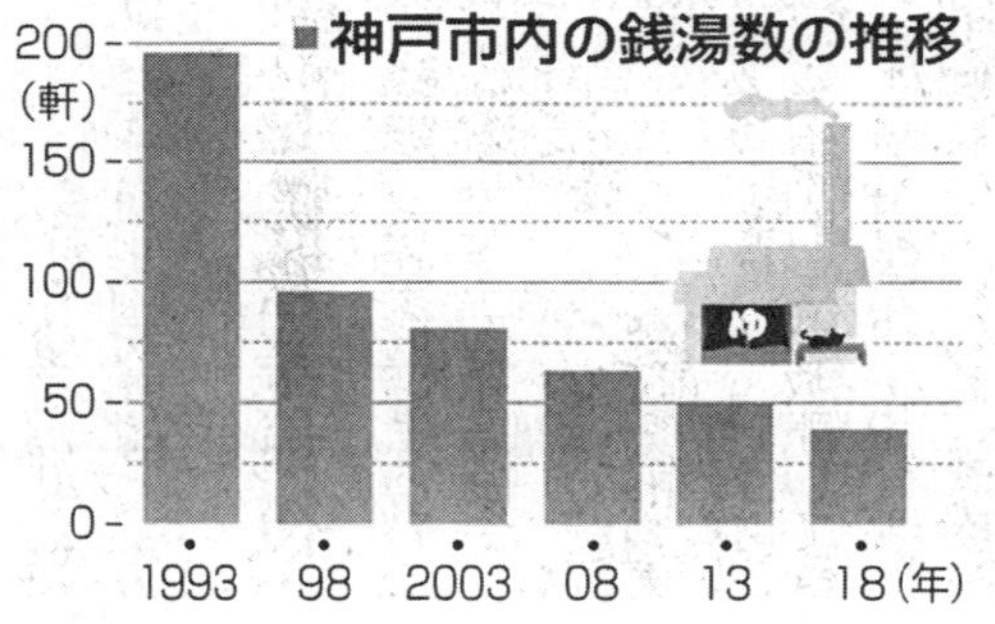

地域の人々が集う昔ながらの銭湯を活性化させようと、市と市浴場組合連合会は2018年度、割引サービスを開始。まず市内に住む18歳以下の子どもとその親か祖父母が一緒に利用すると、子どもは無料、大人は半額にし、昨年から子どもと一緒の利用者を親、祖父母以外の大人にも広げた。

市のホームページでスマートフォンを使って電子チケットを発行。好評だったため、22年3月末の期限を1年延長し、30回までの利用制限も撤廃する。

22年度はさらなる浸透に向け、大学生を対象に無料化を展開。8月ごろから3カ月程度を予定し、大学生の通常料金450円を無料にする。身分証明の仕方など具体的な利用方法は今後決める。

地域コミュニティーの活性化や経営にも興味を持ってもらい、将来の銭湯支援につなげたいといい、同課担当者は「夏の暑い時期、部活の後などに汗を流してもらえたら。まずは銭湯を知ってもらうきっかけにしたい」と期待する。

市は22年度当初予算案に関連費約7300万円を計上した。

神戸(兵庫)22・3・16

無人店舗で暮らしやすく

山形22・3・31

豆、ペットボトル飲料などから品定めしていた。近くの冨永千亜紀さん(43)は

「仲間まわし」の流れ

ハブ工場A社が製造案件を受注

↓

切削が得意なB社、研磨のC社など
町工場ごとに工程作業を依頼

↓

A社が最終製品を納入

新システム稼働で「仲間まわし」の手間は10分の1に減るという
（フルハートジャパンの工場）

東京都大田区と区内の町工場などは2022年度、共同受発注システムの運用を始める。受注内容に応じて一部工程を他工場に依頼する「仲間まわし」と呼ばれる町工場の分業手法をデジタル化し、依頼にかかる時間を現在より9割減らす。より多くの町工場で受注情報を共有し、提案が必要な複雑な案件への対応力の底上げも図る。

新システムは大田区と区産業振興協会、区内の町工場でつくる合同会社

新システムでは連絡の効率化に加えて、町工場の競争力強化も狙う。新システムには現在、70社ほどの町工場が参加の意向を示しており、22年度中に200社程度に増やすことを目指している。受注情報を共有する工場数はハブ工場の協力先に限られた従来の仲間まわしよりも多くなり、幅広い内容の発注に対応できるようになる。

アイオータの代表社員で、新システムの企画に携わる電子機器設計製造

町工場のデジタル化は小規模事業者などで遅れが見られる。大田区の荒井大悟・産業調整担当課長は「新システムは受発注のデータベースにもなる。利益率の高い仕事は何かなど経営強化のツールとしても活用できる」と話す。

まずは連絡手段をデジタル化したうえで、今後は「工作機械にセンサーをつけ、稼働状況の『見える化』などもできれば考えていきたい」（荒井氏）としている。

日経22・3・31

市の実験、デジタル技術活用

長井に新設

長井市の伊佐沢コミュニティセンター隣に、デジタル技術を活用した無人店舗「伊佐沢スマートストア」が完成し30日、現地でオープニングセレモニーが行われた。

市がNTT東日本と連携し、情報通信技術を生かして地域課題の解決を図る取り組みの一環。約25平方㍍の店舗を新設した。同様の市役所売店と2カ所で、人口減少を見据えた買い物支援の実証実験を行う。利用者の年代や購入品などのデータを蓄積することで、仕入れの効率化や品ぞろえの充実につなげる。

店舗の利用には、スマートフォンの専用アプリに利用者登録が必要。出入り口のゲートに、画面に表示させたQRコードを読み取らせて入退店する。商品のバーコードをスマホのカメラで読み取り、セルフレジかアプリ内の決済機能を使って店内で支払いを済ませる。現金は使えず、クレジットカードや電子マネーで行う。

式典には関係者約40人が出席。内谷重治市長は「人口減少が進む中でも、デジタル技術を活用し、便利で暮らしやすい社会を実現したい」とあいさつ。テープカットの後、伊佐沢小の児童や地元住民らが買い物を体験。店内に並ぶカップラーメンやレトルト食品、納

「アプリさえ登録できれば1人で買い物できる。ご飯の準備などで足りないものが買えたら便利だ」と話した。

両店舗とも、市の第三セクター日本・アルカディア・ネットワーク（黒沢栄社長）が、市内の二四三屋《ふじみ》（岩瀬義和社長）と連携して運営。営業時間は午前7時～午後8時。スマホを持っていない人には入退店用の端末を貸し出すほか、伊佐沢の店舗には4月8日まで案内員を配置する。使い方については市スマートシティサポートセンター0120（666）199。

（上妻大晃）

㊤関係者がテープカットし、伊佐沢スマートストアのオープンを祝った
㊧スマートフォンを使った買い物を体験する児童ら
＝長井市

風力メンテ技術 認証制度創設へ

いわき市、地元企業参入促す

いわき市は風力発電施設のメンテナンス事業に地元企業の参入を促そうと、必要な知識や技術を習得した技術者を認証する制度を創設する。新年度から試験事業を始め、内容がまとまり次第本格運用する方針だ。

市によると国内初の制度。県内で再生可能エネルギーの導入が進む中、拡大する風力発電関連市場の経済効果を地元にも波及させるために企画した。

認証制度でメンテナンスに関する知識や技術を裏付けし、地元企業が電気事業法で定められている「定期事業者検査」などに関われるようにするのが狙いだ。

市は東大先端科学技術研究センターなどと連携しながら試験を含むプログラムを構築する。希望する企業がプログラムを受講し、有識者や業界団体でつくる認証委員会を経て日本風力発電メンテナンス技術協会が認証を与える。プログラムの技能講習には市内に支店を置く風力発電メンテナンス国内大手の北拓(本社・北海道)などが協力する。

市内では現在、百基を超える風車の建設計画が進行中で、市産業創出課の担当者は「地元企業が風力発電市場に参入できれば地域にとって大きな活力になる」としている。

福島22・3・23

本社移転に1000万円

渋川市 土地建物の費用補助

企業誘致を通じた地域経済の活性化策として、渋川市は16日、市内に本社機能を移転させたり、新たに支社・支店を構えたりする市外企業への補助事業に取り組むと発表した。本社機能移転は1千万円、支社・支店は300万円を上限に、事務所を設ける費用の3分

場合、最大(従業員10人以上、正規雇用5人以上)で1千万円を補助し、最小(従業員3人、正規雇用2人)は300万円。支社・支店新設は最大(従業員11人以上、正規雇用5人以上)で300万円、最小(正規雇用1人のみ)は100万円とする。

指の静脈でキャッシュレス決済

玉川で7月から実証

村と3社連携 地域商品券活用

全国初

玉川村はデジタル技術を活用して指の静脈を読み取るだけで買い物などの決済ができる事業に乗り出す。村内の協力店舗で七月から

る。手ぶらキャッシュレスは、指の毛細血管の形を専用の機器で識別して本人確認する。指紋認証と異なり、静脈は体の中にあるた

決済できる。

事業費は約三千万円。村は事業委託料や商品券発行費など約一千八百万円を二〇二二(令和四)年度一般会

は幅広い層に利便性を実感してもらい、実証終了後の実用化を検討する。サイクリングやカヌーなど豊かな自然を生かした体験型観光を推進しており、サービスを交流人口拡大の起爆剤にしたい考え。

村と三社は二十九日、デジタル化推進に向けた連携協定を締結した。まちづくりや教育、環境、防災などのさまざまな分野で相互に協力する。石森春男村長は「手ぶらで買い物ができる環境を作りたい。デジタル先進の村を目指す」と話した。

福島22・3・31

県が開設した伝統工芸の魅力を伝えるポータルサイト

伝統工芸品の魅力発信

県ポータルサイト開設

県は三十日、本県の伝統工芸品の魅力を伝えるポータルサイト「ふくしまの伝統工芸」を開設した。

会津地方の会津塗や浪江町の大堀相馬焼など国伝統的工芸品の歴史や特徴を紹介している。職人を取材した動画も公開している。

県の人材育成講座「ふくしまクリエイティブクラフトアカデミー」、後継者育成事業「クリエイター育成インターンシップ」の内容を掲載している。

県公式ホームページの県産品振興戦略課のページからアクセスできる。

の2を補助する。4月1日から申請を受け付ける。

新型コロナウイルス感染拡大に伴ってテレワークが普及したことを背景に、市内への移住定住を促進し、雇用創出につなげる。

土地や建物を市内に購入、賃貸した際の費用などが対象となる。補助額は市内の拠点に勤務する従業員数と正規雇用者数に応じて変化する。本社機能移転のいずれも一定期間の市内での営業が求められる。事業費は1千万円を見込んでいる。

補助事業は、本年度開始した「本社機能移転促進事業」、昨年度からの「サテライトオフィス誘致促進事業」を統合する形だ。零細企業以外でも利用しやすくするため、それぞれ300万円、100万円だった上限を引き上げる。（奥木秀幸）

上毛（群馬）22・3・17

半年間、「手ぶらキャッシュレス」の実証を行う。村などによると、全国の自治体で初めての取り組み。利用者にプレミアム付きデジタル地域商品券を販売し、新型コロナウイルス感染拡大の影響で疲弊した地域経済の活性化を図る。

村とNTTデータ、日立製作所、三菱HCキャピタルが連携すめ、成り済ましなどの不正が難しく、安全性が高いという。認識の精度も高く、約一秒で識別できるという。

登録から決済までの流れは【図】の通り。村役場で生体情報を登録し、専用サイトで個人のクレジットカードとひも付ける。店舗に設けた認証装置に指をかざせば、事前に購入した商品券の残高から計当初予算に盛り込んだ。協力店舗はスーパーやドラッグストア、飲食店など十事業所程度で、今後募集する。商品券のプレミアム率や販売数なども検討する。

利用対象は村民だけでなく、県内外の住民も登録できる。この仕組みを使えば、スマートフォンを持たない高齢者も利用できる。村

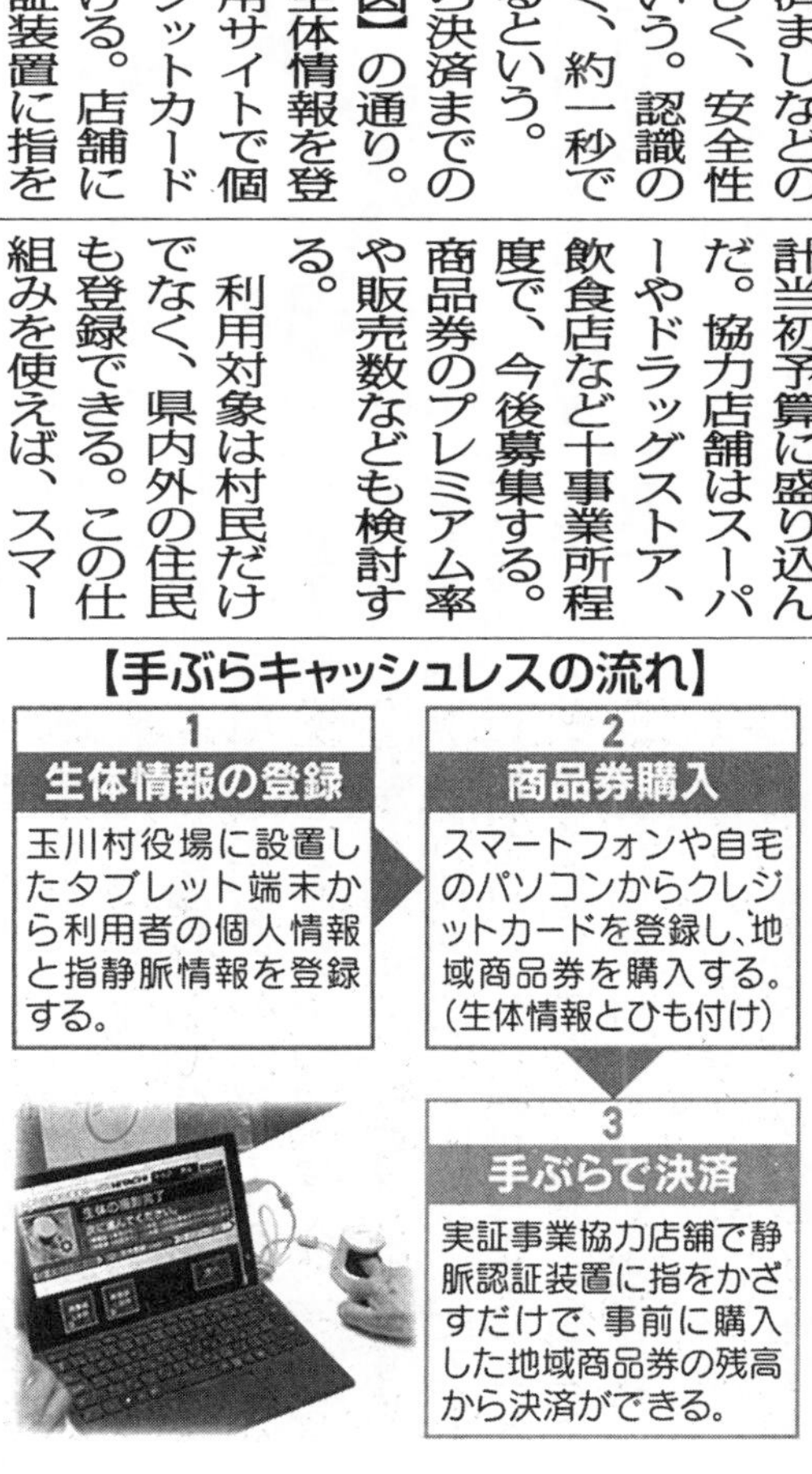
【手ぶらキャッシュレスの流れ】
1 生体情報の登録
玉川村役場に設置したタブレット端末から利用者の個人情報と指静脈情報を登録する。
2 商品券購入
スマートフォンや自宅のパソコンからクレジットカードを登録し、地域商品券を購入する。（生体情報とひも付け）
3 手ぶらで決済
実証事業協力店舗で静脈認証装置に指をかざすだけで、事前に購入した地域商品券の残高から決済ができる。

福島22・3・30

都の伝統工芸販売サイト
中国最大SNSに開設

日経22・3・17

RECOMMEND
東京都は中国最大のSNSに伝統工芸品の販売サイトを開設した

東京都は都内の伝統工芸品や老舗が手掛ける名品の販路拡大を目的に、中国最大のSNS（交流サイト）「微信（ウィーチャット）」内に特設の販売ページを開設した。新型コロナウイルス禍でインバウンド（訪日外国人）需要が見込めない中、オンライン上での情報発信を強化して事業者の売り上げ増加を目指す。

既に開設している中国向け電子商取引（EC）サイトの販売機能を拡充し、同SNSのスマートフォン向けアプリからアクセスできる特設ページを立ち上げた。アプリ内で決済まで完結する。切子グラスや組みひものアクセサリー、木目込み人形など、都内8事業者が多彩な商品を販売している。

ウィーチャットは、テンセントが運営し約12億人の利用者を抱える巨大SNS。伝統工芸品の販売環境はコロナ禍で一層厳しくなっていて、都は海外の需要を取り込もうと欧州向けのECサイトも2021年3月に開設した。担当者は「商品のラインアップを今後も充実させていきたい」と話している。

鳥取市 最大30万円応援金
売り上げ減事業者 来月から受け付け

鳥取市が18日、新型コロナウイルス禍で売り上げが減った事業者に最大10万～30万円を支給する方針を明らかにした。業種は問わず、鳥取県のオミクロン株影響対策緊急応援金に上乗せする形。4月下旬から申請を受け付け、2～3週間後の支給を目指す。

市によると対象は、1～2月の売上額合計が2019～21年のいずれかの年の同時期と比べ30％以上減った事業者。個人事業主も含まれる。支給額は減少前の月平均の売上額が、50万円未満は10万円▽50万円以上～200万円未満が15万円▽200万円以上は30万円。2店舗目以降が県の新型コロナ安心対策認証店の場合、売り上げに応じて1店舗最大15万円を支給する。

対象は市内約2千事業者と想定。事業費3億2700万円を盛り込んだ22年一般会計補正予算案を、4月に市議会臨時会に提出する予定。

申請は7月29日までで、市ホームページや郵送で受け付ける。問い合わせは、経済・雇用戦略課、電話0857（30）8282。（岸本久瑠人）

山陰（島根）22・3・19

電動キックボード 公道走行に注意を
国民生活センター

国民生活センターは、電動キックボード＝写真＝の事故や違反が相次いでいるとして、公道走行時のルールに注意するよう呼び掛けた。関係法令や乗車方法への理解が不十分な消費者もおり、担当者は「正しい情報を周知させたい」としている。

全国の消費生活センターなどに寄せられた相談件数は、二〇一六年度以降で百二十四件。うち九件は「販売業者から『公道を無免許で走れる』と言われ購入したが、走行不可と知り返品したい」といった公道走行に関する相談だった。

センターは公道走行ができるとして通販サイトや店舗で販売されている八種類を調査。その結果、法律が定めた保安基準よりもブレーキをかけた際の停止距離が長くなったり、反射器の性能が不足したりするなど八種類全てで問題が見つかった。取扱説明書にナンバープレート取得といった公道走行に関する記載がないものも二種類あった。

東京22・3・21

認証します
ロゴ名刺などで使用可に
県が制度創設へ

県は、生物多様性保全の優れた取り組みを実践する県内企業を対象に「あいち生物多様性企業認証制度」を創設し、四月四日から七月二十九日まで募集する。認証を受けると、認証ロゴマークを名刺や会社案内に使用できる。また、県が企業の名称や取り組み内容を県ウェブページで紹介する。

（梅田歳晴）

愛知の強みである「企業の力」を生物多様性保全の推進に生かす狙い。認証を受けるには、生物多様性保全に関する方針や目標を設定

業。どちらかを選んで申請する。

ロゴマークは、いのち輝く青い地球を両手で包み込む様子を描いたもので、両手に見立てた二つの

所得向上企業を認証
県、子ども貧困対策へ新制度

琉球（沖縄）22・3・31

県商工労働部は30日、「県所得向上応援企業認証制度」の創設を発表した。県内企業の生産性や競争力が高まり、利益を従業員の給与に還元することを推進。所得向上を通じ、子どもの貧困問題の解決などを目指す。認証された企業には、県が2022年度から実施する、奨学金返還支援制度の支給額引き上げなどの優遇措置を付与する。県は「全国に先駆けた制度だ。稼ぐ力で企業と社会の成長サイクルを生み出したい」とPRしている。

県が設置した「稼ぐ力」に関する万国津梁《しんりょう》会議が提言書をまとめ、分配の促進を通じた具体策として県独自の認証制度の創設を訴えていた。

新制度は4月中に要綱を公開し、5月以降に申請企業を審査する。給与総支給額の伸び率や平均年収、正社員比率や女性従業員比率といった雇用状況や財務諸表などを基に認証を判断する。県の奨学金返済支援制度は、従業員に対し企業が支援する年間返済額の2分の1を補助するが、認証企業には4分の3の補助を検討している。

県所得向上応援企業認証制度のロゴマーク

県はこれまで07年にワークライフバランス、13年に人材育成に関する認証制度を創設し、生産性と雇用の質の向上に取り組んでいる。次年度から新たな認証制度を始動することで、子どもに関する教育への投資促進や消費による経済活性化を促し、地域社会の成長につなげたい考えだ。

30日の会見で県商工労働部の嘉数登部長は「従業員に還元する取り組みが社会全体の好循環につながる」と指摘。「沖縄の問題である、子どもの高い貧困率などの解決に資する制度だ。ぜひ積極的に活用してほしい」と話し、企業の申請を呼び掛けた。（小波津智也）

男性育休 来月から新制度

取得働き掛け 義務化

4月から改正育児・介護休業法が段階的に施行され、男性の育休取得を進めるための新制度が始まる。企業には社員への働き掛けが義務付けられ、子が生まれた直後に取れる「産後パパ育休（男性版産休）」も10月に創設される。

まず4月1日に始まるのが、職場の環境整備と取得の意向確認の義務化だ。全ての企業は育休に関する研修をしたり相談窓口を置いたりするほか、制度を周知しなければならない。男女を問わず社員に個別に意向を確認する必要がある。有期雇用労働者の取得要件も緩和される。

2020年度の男性の育休取得率は12・65%にとどまる。職場に遠慮したりキャリアへの影響を心配したりする人が多いことから、企業側が積極的に促すことで不安を払拭《ふっしょく》したい考えだ。

10月から始まる「産後パパ育休」は、通常の育休とは別の制度。妻の産休期間に合わせ、子が生まれて8週間以内に計4週分の休みを2回まで分けて取得できる。また、通常の育休は現在、子が1歳になるまで夫婦で原則1回ずつとなっているが、それぞれ2回まで分けて取れるようになる。

来年4月には従業員千人超の大企業は年1回、育休取得の状況を公表するよう義務化される。

改正育児・介護休業法の施行スケジュール

2022年4月1日〜	企業に制度の周知や社員への取得働き掛けを義務付け
10月〜	子が生まれた直後に取れる「産後パパ育休」がスタート
	1歳までの育休を夫婦それぞれ2回まで分割取得が可能に
23年4月1日〜	従業員1000人超の大企業に育休取得率公表を義務付け

京都22・3・18

エコな会社

し、ビオトープ整備や植樹活動、希少種保全活動などの評価項目で、所定の基準を満たす必要がある。

「認証」と「優良認証」の二種類の区分があり、「優良認証」は地域への広がりや継続性があり、特に優れた取り組みをしている企

あいち生物多様性
認証企業

認証ロゴマーク

図形は動植物など生命をイメージ。生物多様性を守り育む意識が未来へ伸びやかに育っていく願いが込められている。デザイナーの小川明生さんが手掛けた。

応募は、「県自然環境課」ウェブページから申請書とチェックシートをダウンロードして記入の上、必要書類を添付し、郵送か持参で提出する。提出先は〒460 8501（住所記載不要）環境局環境政策部自然環境課生物多様性保全グループ。問052（954）6475

中日（愛知）22・3・30

マグネットボール「法規制を」

子の誤飲防止へ 消費者庁提言

身近な事故の原因を調べる消費者庁の消費者安全調査委員会（消費者事故調）は24日、強力な小型磁石を使ったおもちゃ「マグネットボール」＝写真、国民生活センター提供＝を子どもが誤飲する事故を防ぐため、幼児の手に渡らないよう販売方法などに法的な規制が必要だと提言した。

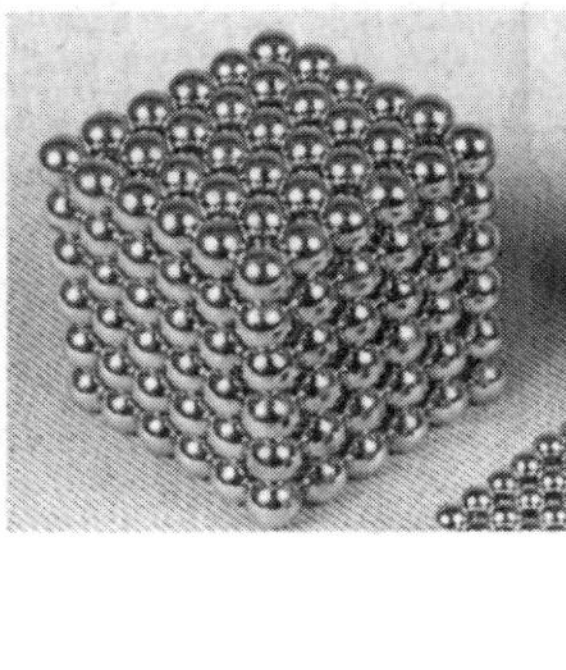

マグネットボールは直径3〜5ミリ程度の小型のパチンコ玉のような磁石で、互いをくっつけて遊ぶ。好きな形を作ることができ、「知育玩具」として主にネット通販で売られている。一つ一つが角形の「マグネットキューブ」もある。

消費者事故調によると、幼児が誤飲した結果、臓器を傷つけてしまうなどの事故は2017〜21年に少なくとも10件あった。多くは年上の兄や姉向けに買ったものを、親が気づかないうちに1〜7歳の弟や妹が誤飲していた。胃と小腸など異なる場所に球がとどまり、腸管を挟んでくっつき、胃や小腸、十二指腸などの臓器に穴を開けてしまう事故が複数あり、除去するのに開腹手術が必要になったケースもあった。

6商品について事故調が調べた結果、全てが日本玩具協会の安全基準（ST基準）を大幅に上回る磁力だった。ただ、現状では法的な規制はなく、推奨年齢や幼児への危険について特に記載せずに販売されているものもある。事故調は「子どもの手に渡さないことが重要だ」として、商品の製造販売を所管する経済産業省に、対象年齢や磁石の大きさ、磁力の強さなどについて、法的な規制を設けるよう提言した。

またネット通販サイトの運営者にも、子どもの手に渡さないようにするため、幼児の手に渡った際の危険性を画面上に表示してもらうよう経産省を通じて協力を要請する。（川見能人）

朝日22・3・25

生シイタケ原産地 厳格化

国産表示「植菌地」で判断

読売22・3・29

政府は、生シイタケの原産地表示の基準を見直し、菌を植え付けた「植菌地」を原産地と定め、「国産」と掲げられる範囲を絞り込む方針を固めた。現在は収穫地を原産地としており、中国など海外で育てて輸入しても、日本で収穫すれば「国産」と表示でき、消費者に分かりにくいとの懸念が出ていた。

食品の原産地を巡っては、中国や韓国のアサリが熊本県産として大量に流通していた問題が発覚し、表示ルールが厳格化される。政府はアサリ問題への対応と合わせ、月内に食品表示法に基づく「食品表示基準Q&A」を改定する。

中国などからのシイタケ菌を植え付けた「菌床《きんしょう》」の輸入は急増しており、2020年度の生シイタケの国内消費量のうち、輸入菌床からの収穫は約17%に上る。

県の生産者は「同じ『国産』表示では、日本で手間暇かけて育てた生シイタケが売れなくなる」と嘆く。

シニアが学ぶ農園

小金井、農地保全にも一役

都が開設

日経22・3・18

東京都は農業の技術をシニア層に指導する「セミナー農園」を小金井市に初めて開設した。都市部にある農地の保全と高齢者が活躍する社会づくりを進めるためのモデル事業と位置付け、都内に今後広めていくことを目指している。

農園名は「わくわく都民農園小金井」で、広さは約3千平方㍍。50歳以上の都民50人に1区画（20平方㍍）ずつ割り当てる。近隣の農家が講師を務め、露地野菜の栽培を年間を通して指導する。生産緑地の貸借制度を活用し、小金井市観光まちおこし協会が所有者から土地を借りて運営を担う。

初回の募集では、定員50人の枠に189人の応募があった。参加者には今後1年間の受講期間後、営農者の作業を手伝うボランティアとして活躍してもらうことなどを想定している。

小中学生が体験学習する「こども農園」といったエリアも園内に設け、多世代の交流も促進させる。

都の担当者は「（農地を有効活用する）1つの事例として都内の自治体に情報発信していく」としている。

コロナ後遺症 労務相談

世田谷区「22年度の早い段階で」

日経22・3・30

東京都世田谷区は新型コロナウイルスの後遺症をきっかけに収入が減少したり退職したりした人の相談体制を強化する。後遺症の医療相談窓口はすでに開設しているが、労務関係の悩みにも対応できるようにする。保坂展人区長は「2022年度の早い段階でスタートしたい」と述べた。

区が2021年4月から9月までに区内で感染がわかった1万8553人を対象に調査（回答率34%）したところ、54・2%が「後遺症がある」と回答した。とくに働き盛りの30~50歳代は6割前後とほかの世代に比べて割合が高かった。症状別では嗅覚の異常や全身の倦怠（けんたい）感を訴える人が目立った。

体調や健康面での不安からうつ病を発症するなど就労に影響するケースもみられた。医療以外のケアも必要だとみて、庁内で社会保障や生活再建も含めた包括的な相談体制の構築に向けて準備を進めているという。

☑人手不足に悩む事業所

国4例目で山陰初の導入となる。利用者がパートやア

日本海（鳥取）22・3・17

することで一人一人の負担を抑え、自由度の高い短時間就労を可能とする。

人口約1万人の同町では、事業所の慢性的な人手不足が深刻になる一方、働き盛りの子育て世代や若者が仕事を求めて町外に出ている。人口減少とともに高齢化も進むが、町内には事務経験の豊富な高齢女性らがスキルを生かせる仕事が少なく、求職と求人の不一致が課題となっていた。

「働き手が減る中で、事業所の維持は切実な問題。この制度ができることで住民が何歳になっても町内で活躍できる」と町企画政策課の橋田和美課長補佐。昨年、町内32カ所の事業所で行った調査では、86%が同事業に「ニーズがある」と回答。各事業所からは「すぐにでもお願いしたい」などの声が相次ぎ、実証実験で手応えをつかんだ。

事業は、無料職業紹介を

菌床はおがくずや栄養源などを固めたもので、種菌を植え付け、3か月ほど培養した後、芽が出る直前に日本に輸入されるケースが多い。

消費者庁は20年3月、食品表示基準Q&Aを改定し、「植菌地は任意で表示することが望ましい」との見解を示したが、生産者は海外の植菌地の明記を避ける傾向が目立っていた。

林野庁によると、日本では菌床に広葉樹を伐採したおがくずを使うが、中国では果樹栽培や養蚕で使った桑の木を使い回し、コストを抑えているという。群馬

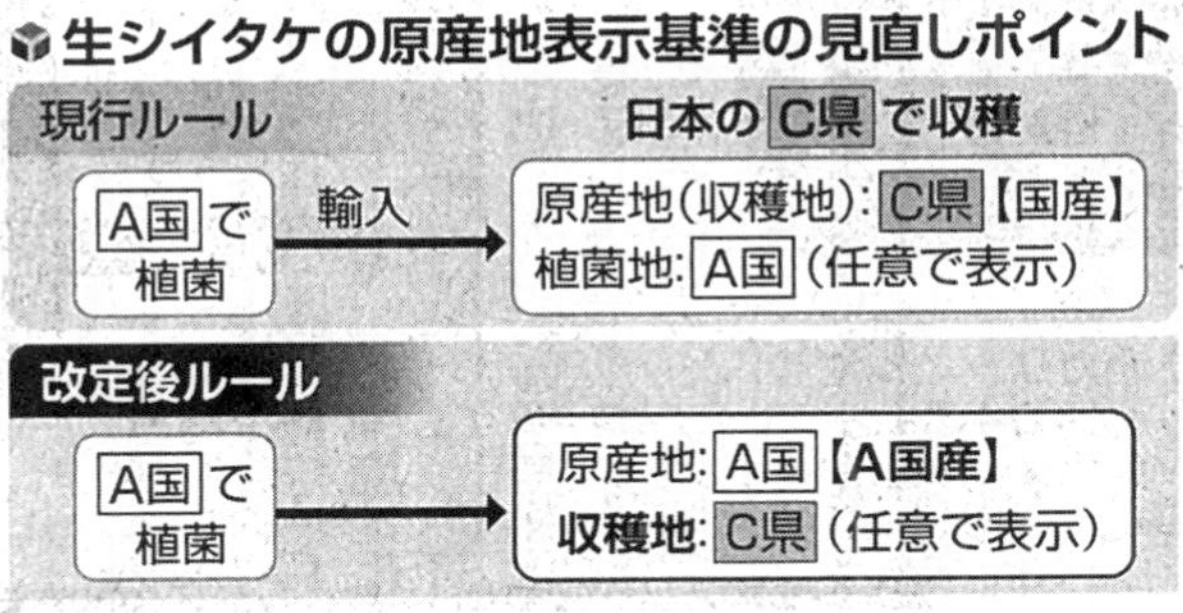

しごとコンビニ始動へ

来月から南部町 自由度高い就労つなぐ

短時間だけ働きたい人

生涯活躍できる町に

「ちょっとだけ手伝ってほしい仕事」と「短時間だけ働きたい人」をつなぐ新たな仕組みを—。南部町で4月、官民連携の短時間ワークシェアリング事業「しごとコンビニ」が始まる。人手不足に悩む事業所と、時間や年齢などの制約によりフルタイムで働けない子育て世代や中高年をつなぎ、選択的な短時間労働を通して生涯活躍できる町づくりを目指す。（平塚千遼）

しごとコンビニは人材コンサルティングの「はたらこらぼ」（岡山市）と市町村事業を支援する「つながる地域づくり研究所」（同）のコラボ事業で、同町が全

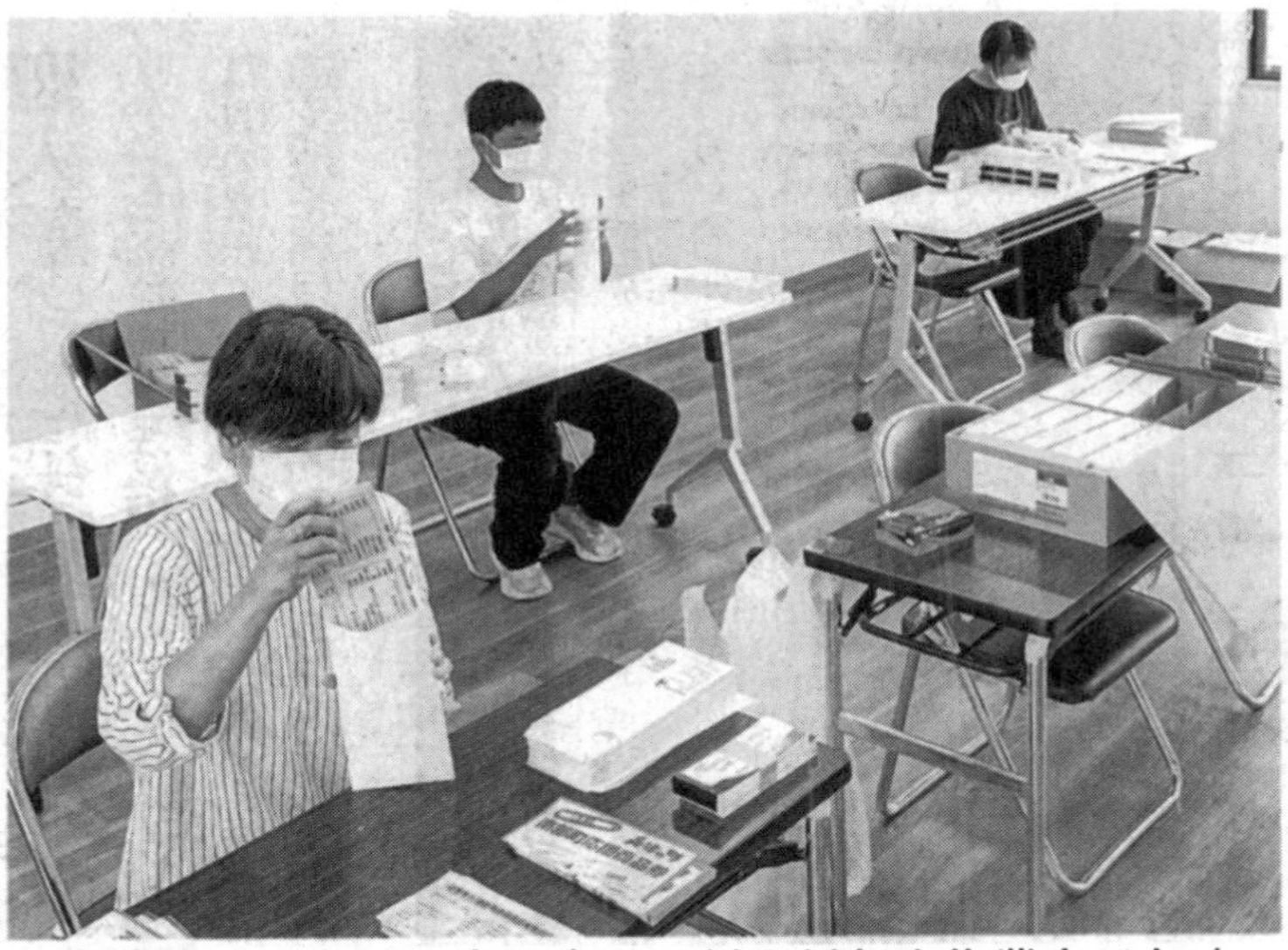
事業開始に向けた実証実験で封入封かん作業をこなす町民ら。一人一人に合った短時間労働を選べるのが魅力だ＝南部町法勝寺（なんぶ里山デザイン機構提供）

ルバイトのような時給制の雇用契約ではなく、業務委託契約を結んで事業拠点に登録し、自分に合った仕事を受注できる。

■実証実験で手応え

主な利用者として想定されるのは、育児や介護でフルタイム就労が難しい人、65歳以上の中高年など。業務内容によって仕事を分解

行ってきたNPO法人なんぶ里山デザイン機構（毎川秀巳理事長）が委託を受け、町総合福祉センターいこい荘（同町浅井）が事業拠点となる。スマートフォンのアプリ「ラインワークス」を使用し、依頼のあった仕事の内容や日時、場所、金額などを登録者に随時通知して受注を募る。

■働きやすい環境

具体的な仕事として、現段階では書類の封入封かん作業やチラシのポスティング、一部の農作業などを想定。登録は町民に限るが、業務依頼は町内外の行政や個人、事業所から受け付ける。突発的な事情にも対応できるようチーム制で一つの仕事に当たり、登録時の面談や無料の勉強会などで働きやすい環境を整える。

町は新年度一般会計当初予算案に事業費約2200万円を計上。4月19日に利用希望者と事業者向けの説明会を開く。橋田課長補佐は「南部町らしいしごとコンビニを根付かせ、将来的になくてはならない仕組みにしたい」と話している。

遊休農地で有機野菜

下関市と楽天連携協定

下関市、楽天グループ、楽天農業は18日、農業を活性化して地域の経済と社会を発展させようと農業連携協定を結んだ。市内の遊休農地を活用したオーガニック(有機)農業の推進や新規就農者の育成などに連携、協力して取り組む。

協定によると3者は協働し、農場の開設・運営による遊休農地などの活用や環境負荷を抑えた持続可能なオーガニック農業▽新規就農者の育成や移住・定住▽農作物の加工・販売による農業の6次産業化▽農業者の情報通信技術（ICT）活用支援▽学校などと連携した農業指導や食育—などを推進する。

楽天農業は下関市豊北町の遊休農地5カ所を計約34㌶借り受け、全国に提供する冷凍野菜などに加工するブロッコリーやカリフラワー、小松菜などを栽培する構想。来年3月の作付けを目指し、新規就農者は楽天

島氏は「遊休農地を再生して有機野菜を栽培していただくのはありがたい」とあいさつした。

楽天農業は長門市や静岡、愛媛県などでも同様の取り組みを進めている。

（森脇直樹）

山口22・3・20

販売店に「罰則」条項

熊本県がアサリ認証制度

外国産アサリの産地偽装問題を受け、熊本県は25日、県産アサリを取り扱う販売店の認証制度を構築した。調達先の管理徹底や販売記録など帳簿の保管を認証の「要件」とし、違反した場合は認証を取り消し、店名を公表する「罰則」条項を設ける。

県は、2月に要請した県漁連などへの出荷停止を4月中旬で解除予定。早ければ4月14日から店頭に並ぶ。県はこれに合わせて、漁協の集荷から小売りまでの流れを監視し、偽装の温床となっていた流通過程を「見える化」。6月以降はデジタル管理に移行し、QRコードで消費者も産地を確認できるようになる。

県産アサリの取り扱いは、県認証の販売協力店に限定。産地証明書の店頭掲示▽調達ルートの事前登録▽DNA検査への協力▽調達量・販売量の報告▽販売記録などの帳簿書類保管—などを認証要件とする。

産地偽装の疑いが生じた場合などに、過去の取引記録を調査するため、帳簿などの保管期間は3年程度とする考え。認証後、産地偽装に関わったり、認証要件に違反したりすると「罰則」の適用対象となる。

ただし、制度を始める4月時点で根拠法令はない。県は、証拠書類の保管期間などを盛り込んだ独自条例を6月定例会に提案する方向で調整。「偽装の抑止力としたい」としている。

（古川努）

西日本（熊本）22・3・26

産地偽装 暗号でブロック

にBC技術

度モデル事業

福岡県は2022年度、最先端の暗号技術「ブロックチェーン（BC）」を用いて、輸出向け県産農産物の「トレーサビリティー（生産流通履歴）」を充実させるモデル事業を始める。トレーサビリティーは生産や流通過程の情報を消費者が売り場で確認できる仕組みで、

BCは情報を記録するデータベース技術の一種で、取引履歴などを1本の鎖のようにつなげて記録する。暗号資産（仮想通貨）など金融取引の場で活用が拡大。外国では、高級ブランド品のトレーサビリティーに使われ始めている。

県は、こうしたBCの特性が農産物の生産から卸、物流、小売りに至る情報管理に適しているとみて、モデル事業に乗り出すことにした。輸出農産物に対するBCのトレーサビリティーは、国内には実証実験の例はあるが、実用化するのは珍しいという。

アジアで人気が高いイチゴ「あまおう」や、シャインマスカットなどでの活用を想定。生産や流通のデータに加え、農家の「こだわり」や配送中の温度管理などを生産者や物流業者がそれぞれの持ち場で入力することで、消費者が店先でスマートフォンなどから確認できるシステムの構築を目指している。

モデル事業では、消費者の使いやすさや、情報を入力する際の利便性を検証。県内に集積するBC関連の優れた技術を生かすのも目的で、具体的な手法やアイデアを持つ民間企業を募る。福岡市や飯塚市にはBCを扱うベンチャー企業が

グループのホームページなどで募るという。

市役所で協定締結式があり、北島洋平副市長、楽天グループの安藤公二常務執行役員、楽天農業の遠藤忍社長が署名。安藤氏は「地方の経済と農業を元気にしていきたい」、遠藤氏は「下関発のオーガニック野菜を全国に届けたい」、北

特に海外で消費者の信頼性を高める決め手になっている。産地偽装や模倣品が国内外で問題となる中、改ざんが極めて難しいとされるBCにより「本物」と証明することで、県産ブランドの販路拡大につなげる狙いだ。

流通履歴

福岡県、新年

福岡県飯塚市のベンチャー「チェーントープ」が台湾で実施した実証実験でQRコードを読み取る来店客＝2022年1月（県提供）

多数立地し、既に輸出向けトレーサビリティーの開発に取り組む会社もある。

県は、22年度当初予算案に事業費1千万円を計上した。県新産業振興課の見雪和之課長は「福岡発のBC技術で、ブランド農産物を安心して消費者に届けられるようにしたい」と話す。

（平山成美）

西日本（福岡）22・3・19

木質バイオマス暖房機を使って試験栽培したイチゴ＝15日、名取市高舘川上の県農業・園芸総合研究所

イチゴ栽培 CO_2削減へ

河北（宮城）22・3・22

——県農業・園芸研——

暖房にまき活用

燃料費節減も期待

県農業・園芸総合研究所（名取市）は、イチゴのハウス栽培で二酸化炭素（CO_2）排出量の削減を目指す研究を進めている。重油など化石燃料を使わず、まきを燃料とする木質バイオマス暖房機を活用するのが柱。今後、県内産地への普及を視野に入れる。

研究所は昨年9月、農業用ハウス1棟3・3アールに「にこにこベリー」など5品種のイチゴ苗を植え、高設養液方式で試験栽培を始めた。木質バイオマス暖房機で温めた水温15度の温水をパイプでプランターに送る仕組み。培地の温度を14度以上に保つことができ、冬期でも生育が旺盛だった。

木質バイオマス暖房機を導入することで、重油など化石燃料を使う暖房機に比べ、10アール当たり年間3・3トンのCO_2排出量削減を見込む。燃油価格の高騰が続く中、燃料費を3、4割程度減らす効果も期待できる。

施設園芸での木質バイオマス暖房機の利用促進は、県の環境施策の方向性を示す「新みやぎグリーン戦略プラン」の一環。県独自課税「みやぎ環境税」を財源として、2025年度までの5年間で栽培試験や普及支援を計画している。

担当者は「化石燃料を使わないハウス栽培を実現し、CO_2排出量やコストの削減につなげたい」と話す。

アサリの国産表示を厳格化

熊本産に偽装、政府対策

育成期間1年半超に

政府は十八日、輸入アサリを熊本産と偽る大規模な産地偽装問題を受け、アサリを国産表示できるルールの厳格化を決めた。輸入アサリについて、国産表示できる国内での育成期間を一年半以上と明確にし、輸入時期を示す書類の保管も求める。熊本県もトレーサビリティー（生産流通履歴）制度の導入を発表するなど対策が本格化している。

農林水産省は同日、二月に実施した全国の広域小売店を対象としたアサリの販売状況の調査結果を公表。昨年の前回調査では熊本産が全体の約八割を占めたが、今回はなかった。一方、前回なかった中国産は一転して約七割に上った。

食品表示の制度上、水産物は海外産でも日本での育成期間の方が長ければ国産表示を認めている。ただ育成期間を外部からチェックするのは難しく、熊本の海に数週間から数カ月しか保管されていないアサリが偽装されていたとみられる。

政府は食品表示基準の運用指針を改正し、一カ月後をめどに消費者庁と農水省で調査する。金子原二郎農相は記者会見で「厳格化で産地偽装を防げるルールは整備できた」と述べた。

一方、熊本県の蒲島郁夫知事は「（新制度を）悪用した偽装が起こらないよう取り組む必要がある」とコメントした。県も独自の偽装防止策を検討。漁協の認定工場を通じて出荷し、水揚げから小売りまでを追跡できるようにする。消費者はQRコードを読み取り履歴を確認できる。

東京22・3・19

観光地の再活性化を支援

政府　自治体など対象に公募

観光庁は23日までに、観光地の再生や観光サービスの高付加価値化に向け、自治体などが地域一体で行う取り組みを支援する事業の公募を始めた。地域計画の作成や、計画に基づく宿泊施設の改修、廃屋の撤去などを補助し、コロナ後を見据えて疲弊した観光産業の再活性化を図る。

公募の対象者は温泉などの観光地を有する自治体のほか、観光戦略のまとめ役となる「DMO（観光地域づくり法人）」、原則5者以上の民間事業者・団体となる。中長期的に観光地を再生させるための地域計画作成に向け、コンセプトづくりや資金調達、個別施設の改修といった点について国が支援する。

観光地全体に恩恵を与える大規模改修への支援を可能とするため、予算額約1千億円を確保した。全体の魅力向上に結び付く宿泊施設の大規模改修や、景観改善のための廃屋の撤去支援は、それぞれ補助の上限を1億円に設定。公共施設への観光目的での改修支援は上限を2千万円とした。

候補地域として採択した後は、経営コンサルタントや観光アドバイザーをはじめ、多様な専門性を持つ支援チームが地域のニーズに応じて助言し、事業着手まで支える。

28日に説明会

28日には、ビデオ会議システム「ズーム」を活用したオンライン説明会が開かれる。公募の締め切りは4月18日となっている。

北國（石川）22・3・24

見・聞・楽

温州ミカンの一大産地として知られる和歌山県で、有田市が地方公務員法で定められている副業禁止原則の例外として、ミカン農家から報酬をもらって働くことを、市職員に許可した。過疎化や少子高齢化で労働力の不足にあえぐ基幹産業を支える狙い。地元の誇りを職員が再認識するきっかけにもなればいいと期待する。

地方公務員と副業　地方公務員法は、国家公務員法と同様、営利目的の副業を禁じる。任命権者の許可を条件に例外を認めており、総務省公務員課などによれば、受け取る報酬を社会通念上相当と認められる程度とするよう、同省は通知で求めている。副業の許可要件を神戸市が定めた2017年ごろから、地域貢献を掲げて規定を設ける自治体が増えつつある。

ら

観光庁、都道府県に

観光庁は25日、県境をまたぐ広域ブロックの旅行割引を

ミカン農家で副業OK

かんさい楽《がく》

市職員、基幹産業支える

（和歌山県有田市）

市の保健センターに配属された新人の北野遥大さん(19)は、温州ミカンの収穫時期が終盤に入った2021年12月、市内の農園で選果などに従事し数万円の収入を得た。「平日に本業を終えた後にも作業した。農家の苦悩を聞き、もっと力になりたいと思った」

22年2月中旬、かんきつ類を栽培する別の農園で、市ふるさと創生室の吉田猛さん(32)は、旬を迎えたデコポンを収穫した。21年度に時給1000円ほどで約30時間の農作業をしたという。この農園を営む南村準治さん(32)は「両親が高齢になり、手が足らない。求人を募っても、新型コロナウイルス禍の影響もあるのか、応募がほとんどない」と語り、市の副業許可を歓迎した。

有田市は20年秋、温州ミカン栽培を主とする市内の農家に限定し、副業先として認める内部規定を設けた。市総務課によると、職員が副業に携われる時間は、1年度中に90時間以内。市ホームページの求人募集コーナーに掲載された農家から"二つ目の職場"を選ぶ。賃金の上限規定を設けない代わりに、農家が提示する報酬の妥当性を、市が個別に確認する。

副業制度を整えたきっかけは、市内の温州ミカン農家に実施した19年の調査で、繁忙期に人手が不足する農家の多さが浮き彫りになったことだった。高齢で農作業が体にこたえることを訴える回答も多かったという。

政府統計などによれば、20年の温州ミカン収穫量で和歌山県は約22%を占め、17年連続の全国1位。県内で上位の有田市は、9割以上の農家がミカンを手掛ける。市総務課の担当者は「10～30代の職員が多く副業をした。関心は高い」と語る。

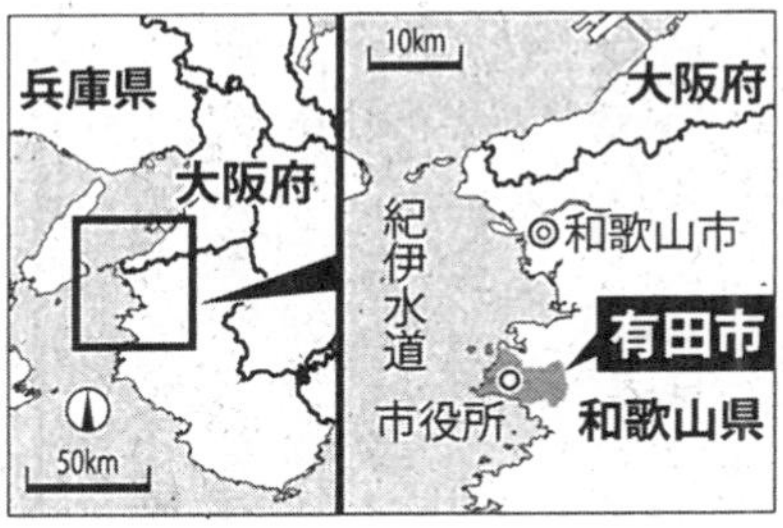

㊤温州ミカンの収穫をする市職員の北野遥大さん㊦デコポンを収穫する市職員の吉田猛さん（手前）ら＝いずれも和歌山県有田市で

毎日（大阪）22・3・24

広域旅行割補助4月か

3回接種か陰性証明提示義務

行う都道府県に、4月1日から費用を補助すると発表した。実際に割引を行うかどうかや開始時期などは各都道府県が決定、公表する。ブロックは「北海道・東北」など全国を6分割する。利用者には新型コロナウイルスのワクチン3回接種か、検査による陰性の証明提示を義務付ける。12歳未満は保護者が同伴すれば不要とする。

観光庁は、準備の整った地域から開始し、大型連休前の4月28日まで実施すると想定。多客期の連休が明けた後の旅行促進策は、感染状況をみながら、観光支援事業「GoToトラベル」再開の可否も含め、改めて検討する。

6ブロックは「北海道・東北」「関東」「北陸信越・中部」「近畿」「中国・四国」「九州・沖縄」。

「県民割」は都道府県が住民向けに実施。居住する都道府県内か、隣県への旅行代金を割り引いている。

国の補助対象となる旅行は3月31日宿泊分までの予定だったが、4月28日宿泊分まで延長する。

毎日22・3・26

「自転車の氷見」ＰＲ

氷見市　**ＮＰＯ法人**

サイクリングサイト開設
お薦めコース紹介
英語・中国語対応

北日本（富山）22・3・22

氷見市とＮＰＯ法人ベイツーリズムひみ（早崎一人理事長）が、市内のサイクリングの魅力をアピールするウェブサイトをそれぞれ開設した。市と朝日町を結ぶ「富山湾岸サイクリングコース」が国の「ナショナルサイクルルート」に選ばれ、市内の中山間地もサイクリングコースとして人気を集めていることから、サイトを通じて「自転車の街・氷見」を広くＰＲする。

（米谷彰夫）

氷見市が運用開始したサイト「サイクリングひみ」

ベイツーリズムひみが開設したサイト「ヒミクル」

市が運用を始めたサイト「サイクリングひみ」は、おすすめ、初級、中級、上級に分けて９ルートを紹介。距離や所要時間、周辺の観光施設なども掲載する。氷見に来たことがない人や、自転車旅行を計画する人が参考にしやすい内容となっている。市内のＰＲ動画や美しい風景写真も見ることができ、英語や中国語にも対応している。

ベイツーリズムひみのサイト「ヒミクル」は、10プランのコースを掲載し、推奨する飲食・休憩施設や宿泊施設を紹介。海外の自転車レースを撮影するフォトグラファー辻啓さんの写真をトップページに採用した。自転車関係の話題も随時掲載していく。市のおらっちゃ創生支援事業の補助金を活用した。

京都22・3・16

政府、避難民受け入れ

在留資格変更
就労が可能に

政府は15日、ロシア軍の侵攻でウクライナから逃れた避難民の受け入れについて、現行の「短期滞在」（90日）の在留資格から就労が可能な「特定活動」（１年）への変更を認める方針を明らかにした。日本に身元を保証する親類らがいない場合、人道的配慮が必要であれば特例的に入国を許可する方向でも調整に入った。国連の推計では数カ月で400万人以上の避難民への支援が必要になるとされており、国際社会との連帯を示す。

短期滞在の在留資格では就労ができず、可能となる資格への変更を求める声が相次いでいた。

岸田文雄首相は松野博一

づくりを指示。松野氏はその後の記者会見で、滞在先確保や生活用品給付、就労、就学を挙げ「支援の在り方など、政府全体の対応を至急検討している」と述べた。

古川氏は会見で、在留資格の変更受け付けを表明。「避難民の置かれている状況に十分配慮し、柔軟に対応していく」と説明した。住居や就労機会の提供を検討している自治体や企業の情報を集約し、避難民に伝える。

出入国在留管理庁によると、日本が13日までに受け入れた避難民は47人。全員に短期滞在の資格が与えられている。特定活動が付与されれば就労が可能となる

日本の主なウクライナ避難民受け入れ政策

- 日本に身元を保証する親類や知人がいない場合でも、人道上配慮が必要な場合は入国を許可
- 在留資格を「短期滞在」（90日）から、就労できる「特定活動」（１年）への変更を認める
- 滞在先確保や生活用品の給付、就労、就学、日本語教育など支援の在り方を至急検討
- 住居や就労機会の提供を検討している自治体や企業の情報を集約し、伝える

避難民に市営住宅提供
ウクライナ支援で千葉市

千葉市は17日、ロシアの軍事侵攻に伴うウクライナからの避難民への支援策を発表した。災害被災者用に確保している市営住宅を提供するほか、外国人相談窓口も拡充する。また、市内在住のロシア人を差別しないよう市民に訴える。

市国際交流課によると、市にウクライナから避難してくるとの情報があり、受け入れ態勢を整えた。市営住宅は16部屋を準備しており、必要に応じて拡充する方針。入居までの一時滞在施設としてホテルを用意する。

同窓口は市国際交流協会に設け、避難民と市内在住のウクライナ人、ロシア人が対象。日本と英語で避難受け入れや生活に必要な各種相談をワンストップで受け付ける。今後、ウクライナ語とロシア語でも対応するとしており、通訳ボランティアを18日から募集。ボランティアには行政窓口や各種手続きなどへの同行もお願いする。

市内在住のウクライナ人、ロシア人には同窓口を案内するはがきを今月中に発送。ロシア人を差別しないよう市ホームページで市民への呼び掛けも行う。市にはSNS上で中傷を受けたとする報告が寄せられているという。市内には昨年末時点でウクライナ人37人、ロシア人143人が在住している。

神谷俊一市長は「軍事侵攻には強い憤りを感じている。千葉市としてできる限りの対応をしたい」と述べた。

県内では成田市もウクライナ避難民の受け入れを表明しており、市内の空き住宅の確保など調整を進めている。

千葉22・3・18

避難民受け入れ方針
ウクライナから 広島県50戸確保

広島県は17日、ロシアの侵攻を受けて国外に逃れたウクライナの避難民を、積極的に受け入れる方針を明らかにした。県営住宅を無償で提供し、相談態勢も整える。

県営住宅は広島市や呉市、海田町など9市町の計50戸を確保している。ガスこんろや照明など、生活に最低限必要な器具もある。

相談は、ひろしま国際センター（広島市中区）を窓口に対面や電話で応じる。ひろしま通訳・ガイド協会（同）や東京都内の民間の通訳会社の協力を得て、ウクライナ語で対応できるようにする。生活支援や日本語学習などのサポートを表明した県内市町とも連携。県によると、16日までに呉市▽府中市▽三次市▽廿日市市▽江田島市▽安芸太田町－の6市町が名乗りを上げている。

記者会見した湯崎英彦知事は「ウクライナの皆さんが受けている苦難は本当に不条理、非人道的で、いまの時代にあってはならない。できる限り支援したい」と話した。

（永山啓一）

中国（広島）22・3・18

官房長官や古川禎久法相ら関係閣僚に受け入れの態勢

ほか、住民登録もできる。

岡山・瀬戸内市
ウクライナ支援 1千万円を寄付
国連難民事務所へ

岡山県瀬戸内市の武久顕也市長は15日、日本で国連難民高等弁務官事務所（UNHCR）の窓口を担うNPO法人の関係者とオンライン会談し、ウクライナ避難民支援のため市が14日にUNHCRへ1千万円を寄付したと明らかにした。

武久市長は「一地方都市でも、世界の一員としてできることがある」と述べ、避難民の受け入れにも前向きな姿勢を示した。

財政調整基金から寄付を捻出する市提案の2021年度一般会計補正予算が、7日に市議会で賛成多数で可決された。

秋田22・3・16

中日（愛知）22・3・29

ウクライナ避難10万円
大府市方針 親族呼び寄せで支給

愛知県大府市は二十八日、市内在住のウクライナ国籍者が親族を母国から避難民として呼び寄せた場合に、避難民一人につき十万円の人道支援一時金を支給する方針を示した。関連予算案を市議会臨時会に提案する。

市によると、ロシアが軍事侵攻を開始した時点のウクライナ国籍の市民は三人。既に親族を呼び寄せている市民もいるとの情報もあり、今後個別訪問をして詳細を調べ、親族を呼ぶ意向や困り事の相談を受け付ける。

避難民に発行されている「短期滞在」の在留資格では教育や就労などの行政サービスを受けられないことから、これらが可能な「特定活動（一年）」への切り替え申請のサポートや、その間の病気の治療や心のケアなども実施していく。

市が同日設置したウクライナ支援連絡会議で、岡村秀人市長は「一自治体としてできる支援をやっていきたい」と述べた。

●自治体交流／生活安全・警察

ドローン物流 広域連携

早期実現へノウハウ共有

新スマート物流推進に向けた自治体広域連携協定を締結した敦賀市の渕上隆信市長（右端）ら＝22日、東京都内

ドローンとデジタル技術などを活用した新たな物流による地域課題解決を目指す敦賀市は22日、北海道や山梨、茨城両県の4町村と「新スマート物流推進に向けた自治体広域連携協定」を締結した。各市町村が取り組む実証実験事例や導入時の経験などノウハウを共有し合うことで「新スマート物流」の早期実現を目指す。（近藤洋平）

協定を締結したのは敦賀市のほか北海道上士幌町と東川町、山梨県小菅村、茨城県境町。各市町村とも、過疎化や高齢化に伴う買い物・医療弱者や災害対応といった地域課題を抱えており、既存の陸送とドローンを組み合わせた買い物代行実験や、バスの自動定期運行などに取り組んでいる。

協定締結は都内で開かれた「デジタル田園都市国家構想を実現する新スマート物流シンポジウム」の場で行われた。上士幌町の竹中貢町長は「全国どこでも快適で安心して暮らせる日本の実現には地域物流の課題は大きい。官民一体でよりよい地方、より元気な日本を作り上げましょう」とあいさつ。各市町村の取り組み紹介では、敦賀市の渕上隆信市長が愛発地区でのドローン配送実験を振り返り「住民がすごく喜んでくれた。（ドローンによる）買い物代行は、地域の魅力に

5市町村を発起人とする新スマート物流推進協議会を近く設立すると説明し「連携協定は〝はじめの一歩〟。豊かな地域社会の実現を目指し、多くの自治体、民間企業にも参加してほしい」

福井22・3・23

金沢港―神戸港 航路振興

クルーズ船で連携協定

県と神戸市は18日、それぞれ管理する金沢港と神戸港を発着するクルーズ船航路の振興に向けた連携協定を結んだ。9月には、日本クルーズ客船（大阪市）が神戸から金沢に向かうクルーズを企画しており、両自治体は互いの強みを生かした旅行ツアーの造成や集客で手を組み、運航の本格的な再開を見据える。

神戸市役所で開かれた会見＝写真、神戸市提供＝には、谷本正憲知事、久元喜造神戸市長らが出席した。旧自治省出身で、石川県への出向経験もある久元市長は「金沢は北陸新幹線開業以降、クルーズの拠点として発展している」と述べ、両港が連携する意義を強調した。

続いて谷本知事が「私も兵庫県西脇市出身で縁を感じる。国内クルーズ人口は

具体の成果につなげたい」と力を込めた。

泉丘高の同級生同士に当たる安宅建樹金沢港振興協会長、尾山基神戸観光局会長（旧美川町出身）も誘客や感染症対策などで力を合わせる意欲を示した。

郵船トラベル（東京）の担当者は、クルーズ船と飛行機や北陸新幹線、特急「サンダーバード」などを組み合わせた「フライ&レール&クルーズ」のプランを予定していると紹介した。

連携協定は昨年、国内最大のクルーズ船「飛鳥Ⅱ」の神戸発・金沢着日本半周クルーズが初めて商品化されたことを機に計画された。新型コロナの感染拡大でツアーが中止となり、協定の締結も延期していた。金沢港が他港と協定を結ぶのは横浜に続き2港目。神戸港

北國（石川）22・3・19

読売22・3・31

18・19歳教育専用 少年院

あす改正法施行

全国44か所 社会復帰促す

4月1日の改正少年法施行に合わせ、法務省は現在4種類となっている少年院に加えて、「第5種少年院」を全国44か所に新設する。改正法で「特定少年」と位置づけられる18、19歳の一部について、社会復帰を促すための教育プログラムを受講させる専用施設となる。

少年院は現在、犯罪傾向が比較的軽い者らを対象とする「第1種」など、年齢や非行の程度に応じて4種類ある。新たに設ける第5種には、家裁の審判で保護処分㊟となった後、保護観察中に不良仲間と交遊を繰り返すなど、順守事項を破った特定少年が改めて家裁の審判を経て収容される。

㊟保護処分　非行少年の健全育成のため、家裁が言い渡す。刑罰ではない。保護観察、児童養護施設などへの送致、少年院送致の三つがある。第5種少年院は、いったん「2年間の保護観察」となった特定少年が収容の対象となる。

4月以降の少年院の種類と対象者

第１種	犯罪傾向が比較的進んでいない12歳以上23歳未満
第２種	犯罪傾向が進んだ16歳以上23歳未満
第３種	心身に著しい障害がある12歳以上26歳未満
第４種	刑の執行を受ける16歳未満
第５種（新設）	２年間の保護観察中に順守事項を破った18、19歳

収容期間は3～5か月程度で「保護観察復帰プログラム」を受講。法務教官らが生活状況や心理状態を詳細に聞き取り、立ち直りの意思を引き出し、出院後の行動計画も立てさせる。

改正少年法では両年齢について一定の厳罰化が図られ、家裁が原則として検察官に送致（逆送）する対象犯罪が「故意に人を死亡させた事件」から、「死刑、無期、または1年以上の懲役・禁錮の犯罪」に拡大された。だが窃盗や傷害などは対象外で、特定少年の多くは保護処分を受け、一定数は保護観察になる見通し。

このため、保護観察中に順守事項を破った特定少年に、社会復帰に特化した教育や指導をどう受けさせるかが課題となり、新たな少年院の設置が決まった。

全国4町村と 敦賀市が協定

もつながり、過疎化解消だけでなく、若者が地域に住む仕掛けにもつながるのではないか」と手応えを語った。

小菅村の船木直美村長は

と呼び掛けた。

シンポジウムでは国産の物流専用ドローンや、ドローンと陸送とを組み合わせた物流モデルの紹介などもあった。

まだ伸びしろがあるので、しっかりスクラムを組んで

がクルーズに関し一つの港と協定を結ぶのは初めて。

犯罪被害者支援 県条例成立

来月施行 見舞金支給を明記

犯罪で被害を受けた人の早期回復や生活再建支援策を盛った県犯罪被害者等支援条例が15日の県会本会議で全会一致で可決、成立した。被害者の経済的負担を軽減する給付金（見舞金）の支給を条文に明記したのは被害者支援に特化した都道府県の条例で初めて。4月1日に施行する。

遺族に60万円、重傷病者に20万円を給付。学校では被害者支援に理解を深める教育も実施する。被害者らが安心して暮らせるよう迅速で継続的な支援を理念に掲げ、国、県、市町村、民間団体の連携の重要性を強調。市町村への情報提供や助言を県の役割とし、県民や事業者には被害者の状況を理解し二次被害が生じないよう配慮を求めている。

基本的施策として県は被害者の安全や住居の確保、雇用安定を支援する。心身に受けた影響を回復するため保健医療・福祉サービス提供にもつなげる。損害賠償請求や刑事手続きに関する相談にも応じる。

2020年5月に埴科郡坂城町で起き、県条例制定のきっかけとなった銃撃事件で子ども2人を亡くした市川武範さん(56)は「犯罪被害者を地域で支えていく最初の一歩だ」と評価。「国、県、市町村には異なる責務と支援の在り方がある。必要な支援が途切れず続くよう、市町村でも条例制定の動きが広がってほしい」と期待した。

信毎（長野）22・3・16

道路「飛び出し」5年で1138人
子どもの交通死者・重傷者

愛媛22・3・28

警察庁は27日までに、２０１７～21年の小学生と入学前の幼児の交通事故状況を発表した。歩行中の死者・重傷者３３０８人のうち、約３割に当たる１１３８人が安全を確認せずに道路に飛び出して事故に遭っていた。

４月６～15日の「春の全国交通安全運動」に合わせ、全国の警察は啓発活動や安全教育を推進し、選定した通学路での一斉取り締まりを４月12日に実施する。

警察庁によると、５年間の全体の死者・重傷者は、小学生が４２７１人、幼児が１２５９人で、このうち歩行中は、それぞれ２５２２人（59・0％）、786人（62・4％）。さらに事故状況を見ると、いずれも「飛び出し」が多く、小学生８８８人、幼児２５０人だった。

他の状況別では、保護者の付き添いがない「ひとり歩き」の幼児が１５８人、横断歩道以外や車の前後を横断する児童が４１１人と目立った。

また、自転車に乗っている際に事故に遭った児童は１３５８人で、うち出合い頭の衝突が１０１２人（74・5％）と最も多かった。

暴力団勢力 2万4100人
17年連続の減少

朝日22・3・25

昨年末時点の全国の暴力団勢力は２万４１００人で、前年より１８００人減った、と警察庁が24日発表した。17年続けて減っている。暴力団組織に所属する構成員（組員）が前年より１千人少ない１万２３００人。組織に属さないが、活動に協力する準構成員などが８００人減の１万１９００人だった。

団体別にみると、最大の指定暴力団、山口組（本部・神戸市）の勢力が８５００人。住吉会（同・東京都港区）４千人、稲川会（同）３１００人、神戸山口組（同・神戸市）１千人の順に多い。

暴力団勢力の推移　警察庁まとめ

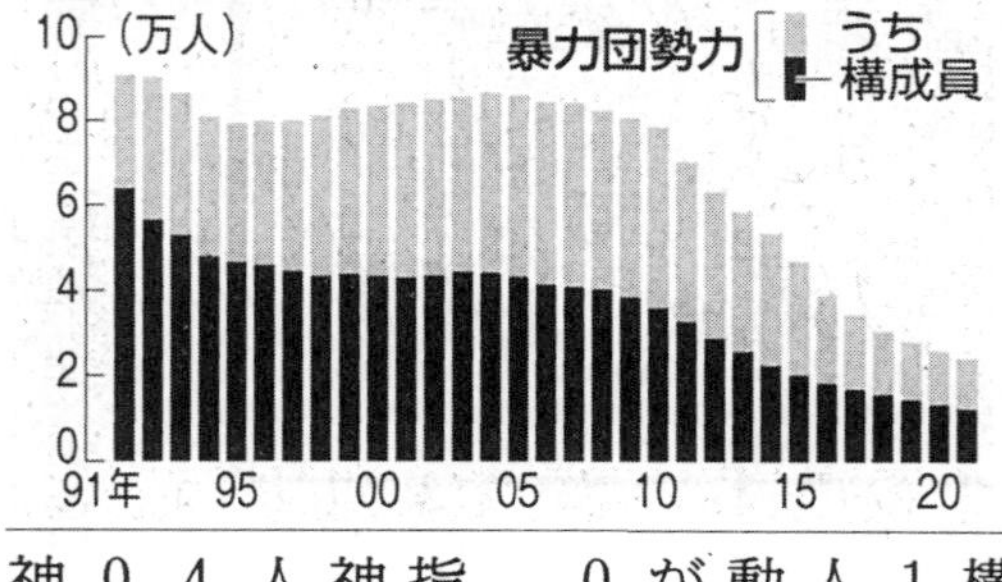

山口組は２０１５年に分裂して神戸山口組が結成され、分裂後は対立抗争状態にある。両団体の勢力に変化が出ており、山口組は前年を３００人上回って16年ぶりに増えた一方、神戸山口組は１５００人減った。抗争が長期化する中、神戸山口組の傘下団体が離脱したり、組員らが山口組に戻ったりといった動きがあるという。抗争とみられる事件はやまず、20年1月には関係府県の公安委員会が、活動をより厳しく規制できる「特定抗争指定暴力団」に両団体を指定。ただ、その後も事件が13件発生している。（編集委員・吉田伸八）

大麻「20歳未満から」47％
警察庁調査　使用　若年層拡大

読売22・3・24

警察庁が昨年10～11月に
大麻取締法違反（所持）容

警察庁によると、大麻を
初めて使った時の年齢を容

上り、年齢が低いほど複数
人で使用する傾向が高かっ

一方、全国の警察が昨年、大麻事件で摘発した容疑者は過去最多の５４８２人に上り、うち約7割が30歳未満だった。ＳＮＳを使った密売が目立ち、各地の警察が摘発を強化している。

認知症・機能低下40％超
21年　死亡事故　運転の75歳以上

中日（愛知）22・3・23

運転免許更新時などの認知機能検査を受け、二〇二一年に車やバイクで交通死亡事故を起こした七十五歳以上のドライバーは三百二

故を起こしたのは三百四十六人で、七十五歳になる前に免許を更新し、認知機能検査を受けていない十九人を除いた三百二十七人を調

疑で摘発された容疑者829人について調べたところ、初めて大麻を使用した時の年齢が「20歳未満」の容疑者が47%に上ったことがわかった。4年前（2017年）調査時の36%から11ポイント増えた。警察庁は大麻の若年層への蔓延《まんえん》が進んでいるとみて警戒している。

容疑者に聞いたところ、20歳未満が47%の390人だった。このうち5人は最も若い12歳の時に使用を始めていた。

20歳未満で使い始めた容疑者のうち8割は「（誰かから）誘われた」ことがきっかけだった。使用時の人数は「2人以上」が44%にた。友人などに影響を受けて大麻を使用してしまうケースが目立った。

大麻の危険性については「全くない」と「あまりない」との回答が計77%に上った。警察庁は、「大麻に害はない」などとする誤った情報が一部で広がっているとみている。

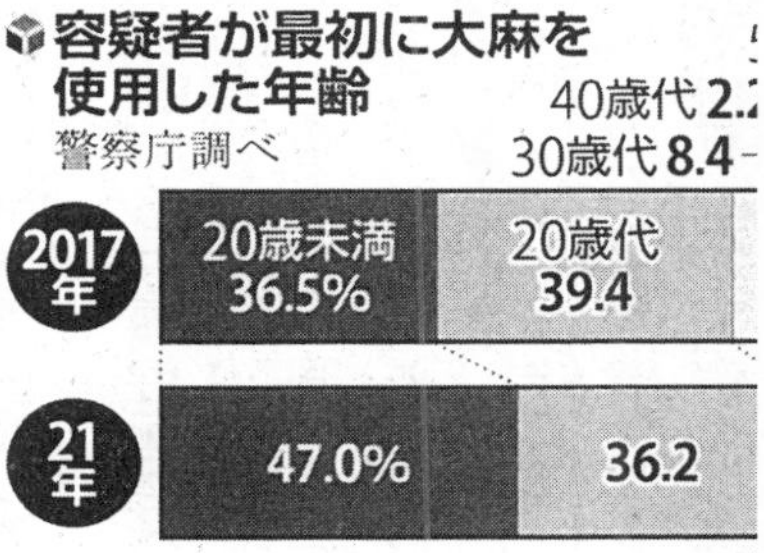

日経22・3・16

災害救助の知見つなぐ

和歌山県警が指導員制度

地震や豪雨に備え対応力

合同救助訓練で、若手警察官に指導する平山警部補㊨（2021年11月、和歌山県有田市）

2011年の東日本大震災や紀伊半島豪雨、18年の西日本豪雨といった厳しい災害現場で経験を積んだ警察官を「災害救助指導員」に任命し、知識や技能の継承を目指す取り組みが、和歌山県警本部と全14警察署で進められている。指導員自らが救助訓練を企画するなどし、災害への対応力の底上げを図る。

2021年2月にスタートし、まず23人を任命。21年度はうち16人を再任し、新任の8人が加わって計24人になった。20～50代の巡査部長と警部補で、多くは被災地に応援派遣される広域緊急援助隊で活動したことがある。

ただ隊を離れた後、相談窓口などを担当する警務課、パトロールや事件事故の初動対応を担う地域課と、災害対策と関係が薄い部署に所属している人も多い。異動後も貴重な経験を埋もれさせず、災害対応の継承、強化に生かすのが指導員制度の狙いの一つだ。22年度から警察署が2つ減るが、本部と全署への指導員配置は続く。

湯浅署の平山欽也警部補は再任組の一人で、今も災害担当の警備課員というエキスパート。21年9月、豪雨災害を想定した訓練を企画し、足を取られやすい土砂の上を歩く際や、埋もれた人の捜索に使う棒の使い方を若手に説明した。

11月には海上保安庁や近隣署との合同救助訓練で、破損した車から人を助け出す際に「一点に集中すると視野が狭くなる。自らがけがをする可能性がある」と呼び掛けた。

県警本部警備課は「道具の使い方など、きめ細かい訓練の提案は現場経験があるからこそだ。南海トラフ巨大地震などに備え、県警全体の対応力を強化したい」としている。

十七人で、1・5%に当たる五人は検査で「認知症の恐れ」、42・5%の百三十九人は「認知機能低下の恐れ」と判定されていたことが、警察庁のまとめで分かった。

七十五歳以上のドライバーによる死亡事故で、最も過失の重い当事者となったケースが対象。二一年に事査した。残る百八十三人は「認知機能低下の恐れなし」と判定された。

二一年の認知機能検査の受検者は延べ二百二十六万一千七百二十三人。内訳は「認知症の恐れ」2・3%、「機能低下の恐れ」21・4%、「機能低下の恐れなし」76・3%だった。

朝日22・3・31

サイバー特捜隊あす発足 海外の攻撃集団にも対応

サイバー攻撃などに対応する体制の強化を図る改正警察法が30日、参院本会議で可決され成立した。警察庁サイバー警察局や、同庁が自ら捜査するサイバー特別捜査隊が4月1日に発足する。

今回の組織改編は、社会のデジタル化が進む中でサイバー犯罪やサイバー攻撃が多発し、深刻化している状況をふまえた対応だ。

従来、生活安全局と警備局、情報通信局にまたがっていたサイバー事案に関する業務をサイバー警察局に一元化する。また、長官官房に技術部門を設けて警察通信や業務のデジタル政策などを所管する。

サイバー特捜隊は、組織上は警察庁の地方機関である関東管区警察局に置くが、全国を管轄する。自ら捜索や逮捕、送致など捜査に携わるほか、海外の機関との国際共同捜査にも参加する。東京都内に拠点を置き、4月中に警察官や技術系職員の約200人の態勢を組む予定という。特捜隊は「重大サイバー事案」に限って捜査する。重大事案は▽国や地方公共団体、重要インフラに重大な支障が生じる▽ウイルスなどの対処に高度な技術が必要▽海外の攻撃集団が関与――のいずれかにあたる場合と規定した。（編集委員・吉田伸八）

大麻摘発 最多5482人

8年連続増、20代以下7割

令和3年に大麻事件で摘発されたのは前年に比べ448人増え、5482人だったことが24日、警察庁のまとめで分かった。8年連続で増え、過去最多を更新した。20代が2823人と最も多く、20歳未満の994人と合わせ、20代以下が7割を占めた。若者の使用に歯止めがかからない状況が浮き彫りになった。

警察庁によると、20歳未満の994人のうち高校生は186人、中学生は8人。最年少は14歳で4人いた。摘発者のうち829人を調べると、7割超が危険（有害）性は「全くない」「あまりない」と認識。20代以下の約3割はインターネット経由で入手先を知ったという。人口10万人当たりの摘発者数は5・6人。平成29年と比べると3・0人からほぼ倍増し、年齢別では20歳未満が4・1人から14・9人、20代が9・4人から23・6人と大幅に増えた。

ワックスなどの「大麻濃縮物」で摘発されたのは全体の約1割に当たる573が増え、乱用者が増えていることが背景にあるとみられる。

薬物全体の摘発者は前年比217人減の1万3862人。覚醒剤が最多の7824人で、年々減少。覚醒剤密輸事件の摘発は56件で、航空機を利用したケースが大幅に減っている。

産経22・3・25

悪質自転車対策に重点地区

警察庁公表へ 集中取り締まり

西日本22・3・21

自転車の交通ルール違反に歯止めをかけるため、全国の警察が、悪質・危険な走行が問題になっているような「自転車指導啓発重点地区・路線」を選定し、各都道府県警のホームページ（HP）で地域住民に周知

のは初めて。各警察本部は毎月、一斉の集中取り締まり日を1日以上設け、悪質違反には積極的に交通切符（赤切符）を活用する。警察庁が同日までに指示した。

健康志向やブームで自転

と必要性を伝え、ルール順守の機運を醸成する狙いがある。同庁の担当者は「事故抑止へつなげたい」としている。

取り締まりに、自転車専用通行帯などの整備と交通安全教育を加えた3本柱を

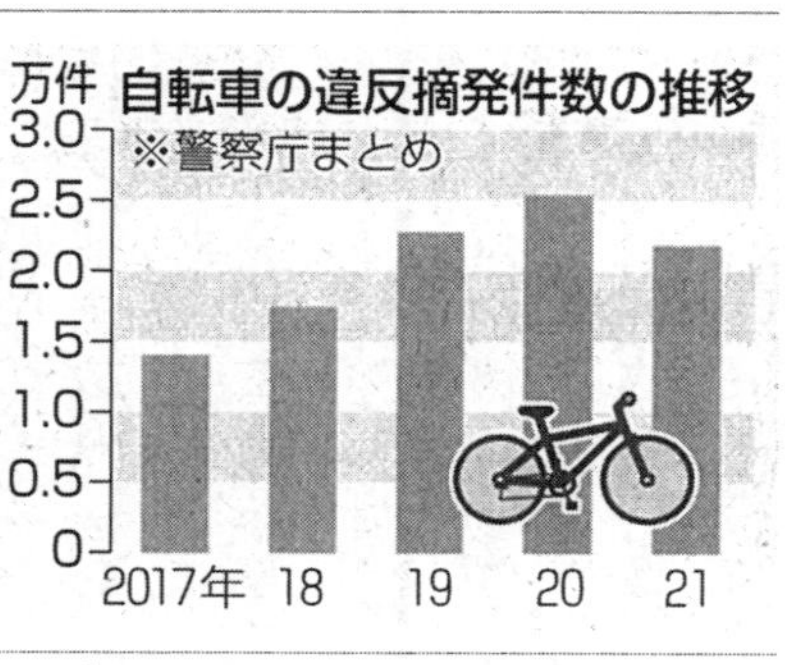

た自転車の違反行為は過去最多だった前年からは3561件減ったが、依然、2万1906件と高止まり状態。自転車乗車中の事故死者は359人で、75%以上

要望などを踏まえ選定。自転車通勤が集中する駅周辺や事故多発路線などが対象になる。

HPや自治体広報誌などに重点地区を掲載して選定の理由、多発している違反の形態、走行する際の留意点などを説明。取り締まりでは、違反の危険性を認識させるため「指導警告票」を活用し、従わなかったり、違反で危険が生じたりした場合は赤切符で摘発する。

各警察署はこれまでも重点地区を選定していたが、

水上バイク 危険行為に懲役刑

県警が条例改正案

パブリックコメント募集

神戸（兵庫）22・3・25

兵庫県警は24日、水上バイクの危険行為や飲酒運転に対し、懲役刑を新設する条例改正案の概要を発表した。罰則を現行の「20万円以下の罰金」から、「3カ月以下の懲役または50万円以下の罰金」に引き上げる。県警によると、水上バイクの規制に懲役刑を導入した条例は全国5都県にあり、兵庫県も6月の県議会定例会の提案を目指す。

県警によると、改正するのは「水難事故等の防止に関する条例」。現行条例では水上バイクなどの危険行為に対し、20万円以下の罰金刑が科せられているが、改正案は意図的な危険行為に「3カ月以下の懲役または50万円以下の罰金」を科す。

また、飲酒運転についても同様の罰則を新設。飲酒検知を拒否した場合は「20万円以下の罰金」とする。ヨットなど動力船でないものの危険行為も「50万円以下の罰金」との規定を設けた。

水上バイクの危険行為を巡っては、2021年9月に淡路市沿岸で3人が死亡する事故が発生。水上バイクの操縦者は特殊小型船舶操縦士免許を取得していなかった上、血中からアルコールが検出された。さらに今月22日には、明石市沿岸で遊泳者の近くで航行したとして、神戸海上保安部が加古川市の40代男性を同条例違反と殺人未遂容疑で書類送検した。

改正案の概要は県警ホームページなどで25日から公開される。同日～4月14日、パブリックコメントを募集する。

（前川茂之）

日向灘・南西諸島 M8級の恐れ

地震調査委 30年以内、確率は「不明」

政府の地震調査委員会（委員長＝平田直《なおし》・東京大名誉教授）は25日、日向灘《ひゅうがなだ》と南西諸島海溝周辺で今後30年以内に起きる可能性がある地震の長期評価を公表した。マグニチュード（M）7級の規模の地震について、日向灘での発生確率を80％、沖縄・与那国島周辺は90％以上と評価し、高い確率になった。両地域とも、発生確率は「不明」としながらもM8程度の地震が起きる恐れがあることも示した。

また、南西諸島海溝周辺では、M7・4の地震で約30㍍の大津波が先島諸島を襲った「八重山地震津波」（1771年）のように、地震の規模から想定される以上の大津波が発生する可能性があると指摘した。

前回の長期評価の公表は2004年で、11年の東日本大震災の発生を受けて見直した。今回評価した地域に隣接した東海―九州沖の南海トラフでは、今後30年以内にM8～9級の巨大地震が70～80％の確率で発生すると考えられている。

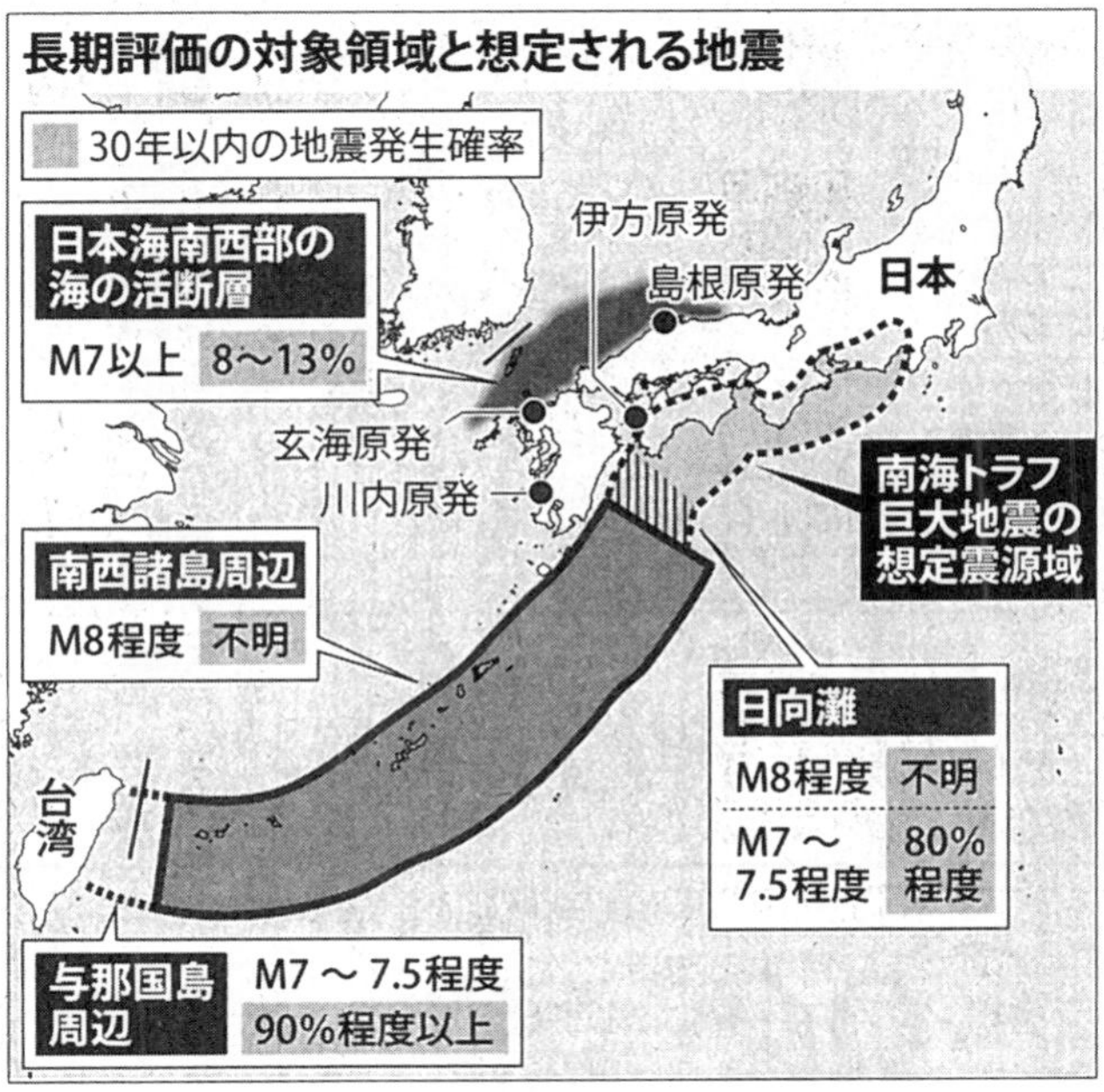

鳥取―長崎沖でM7以上発生も

また地震調査委は、鳥取―長崎沖にある日本海南西部の海底活断層で起きる地震についても長期評価を公表した。海底の活断層は陸域に比べて調査が難しく、長期評価の公表は初めて。M7以上の地震が30年以内に起こる確率は8～13％とした。平田委員長は「海底の断層でも地震が起き、津波が来ることを認識してほしい」と注意を呼びかけた。

日本海南西部の海底活断層の東部には、この海域で最大となる長さ94㌔の伯耆《ほうき》沖断層帯があり、M7・7～8・1の地震が起きる可能性がある。M7以上の地震が30年以内に起きる確率は東部が3～7％、中部が3～6％、西部が1～3％だった。【垂水友里香】

毎日22・3・26

人。押収量は22・2㌔だった。摘発者542人の違反内容別は、所持4537人、譲渡273人、栽培230人など。営利目的事件

した上で、集中的に取り締まりに乗り出すことが20日、分かった。

自転車について重点地区を全国で公表し取り締まる

車利用者が増えるのに伴い、交通マナーの悪化を指摘する声も強まり、対策が急務となっている。事前周知により取り締まりの意義

「自転車総合対策」として、悪質な違反の撲滅を本格推進する。

警察庁によると、2021年に全国の警察が摘発し

の273人に違反があった。違反行為は信号無視や遮断踏切への立ち入り、一時不停止などが多い。

重点地区は、全国の警察署が管内で自転車の通行量、事故の発生状況、住民

今回の指示で見直したり、新たに加えたりした地区を今月末までに警察庁に報告。その後、既に選定していた地区も含めHPなどに掲載し公表を始める。

被災者4割 精神的リスク 県健康調査

県は24日、2020年7月豪雨の被災者を対象にした「心と体の健康調査」の結果を公表した。ストレスなど精神的な問題を抱える人が全体の44・7％に上り、このうち9・9％は特にリスクが高いと判定された。

調査は仮設住宅の入居者に必要な支援を把握するため、21年8～9月に初めて実施。人吉市や球磨村など6市町村の1304人が回答した。

絶望感や無力感など6項目の頻度をアンケートで尋ね、うつ病や不安障害などのリスクを判定。「高度」9・9％、「中等」8・7％、「軽度」26・1％、「問題なし」55・3％だった。「高度」は10年に4・1％だった県内の国民生活基礎調査と比べて2倍以上だった。

このほか「眠れない」は32・9％、「体を動かす機会が減った」は43・8％。「被災後、治療や受診を中断している病気がある」は6・7％で、股関節など筋骨格系疾患や高血圧が多かった。

リスクが高い人の情報は各市町村の福祉担当課で共有し、被災者をサポートする。（堀江利雅）

熊本22・3・25

ペット同伴避難所で応急措置、指導

福島市　県獣医師会　全国初の協定結ぶ

福島市と県獣医師会は二十九日、ペット同伴避難所での支援活動に関する協定を結んだ。県獣医師会によると、同様の協定は全国初という。

市は災害発生時に、市民がイヌやネコと一緒に避難できる同伴避難所の運用を昨年九月に始めた。協定に伴い県獣医師会の協力を受け、避難してきた動物に対する応急措置や管理指導などに対応する。

協定書を交わした木幡市長（右）と浦山会長

協定締結式は市役所で行われた。木幡浩市長と県獣医師会の浦山良雄会長が協定書を交わした。木幡市長は「行政だけでの避難所運営は限界がある。大変心強い」と話した。浦山会長は「市と協力しながら避難先でも安心して過ごせる環境を整えたい」と述べた。

福島22・3・30

トンガ沖噴火で津波注意報

避難指示の基準 86自治体守らず

一月に発生したトンガ沖海底火山噴火の影響で津波注意報が発表された十九都道県三百五十三市町村のうち、八割超の二百九十七自治体が避難指示を出していなかったことが、総務省消防庁の調査で分かった。自治体内の発令基準を満たしていたのに「危険はない」と指示を見送ったケースも目立ち、内閣府と消防庁が適切な対応を促している。

内閣府が昨年公表した災害時の避難情報発令に関する指針は、津波警報や注意報の発表時、予想される津波高に応じてどの区域に避難指示を出すか、自治体があらかじめ基準を設定しておくよう求めている。

避難指示を出さなかった自治体のうち八十六自治体は、発令基準を満たしていたにもかかわらず「潮位上昇が小さい」「危険な地域に住家がない」「夜間の移動は危険」などを理由に見送ったと説明。百九十八自治体は「津波注意報段階では、避難指示を発令しない」とするなど、発令基準を満たしていなかった。十三自治体は、発令基準自体を設定していなかった。

内閣府などは、自ら設けた基準に従っていない自治体が多かったことを問題

中日（愛知）22・3・28

避難時の積雪・寒冷対策を

死者8割減へ提言

日本海溝・千島海溝地震　北海道から房総半島の東方沖に延びる日本海溝と千島海溝周辺で発生する地震。歴史上、マグニチュード（M）7～8級の地震が繰り返し発生している。東日本大震災を受け、政府は発生確率が低い最大クラスの地震を想定した対策に着手した。2020年4月に、M9級の地震が発生すれば太平洋沿岸の広範囲に津波が到達し、一部では高さ約30㍍になるとの想定を公表。発生は「切迫した状況にある」とした。

日本・千島海溝地震

政府の中央防災会議の作業部会は二十二日、北海道・東北の太平洋沖にある日本海溝・千島海溝沿いの巨大地震対策の報告書を公表した。迅速な避難の徹底などで、死者を八割減らせると強調。積雪による避難の遅れや、寒さによる体調悪化など、寒冷地特有の課題への対策強化を求めた。前震の可能性がある揺れの観測時に事前避難を呼び掛ける仕組みも検討したが、現状では住民への注意喚起にとどめるのが適切だとした。

日本海溝・千島海溝地震による最大の被害想定

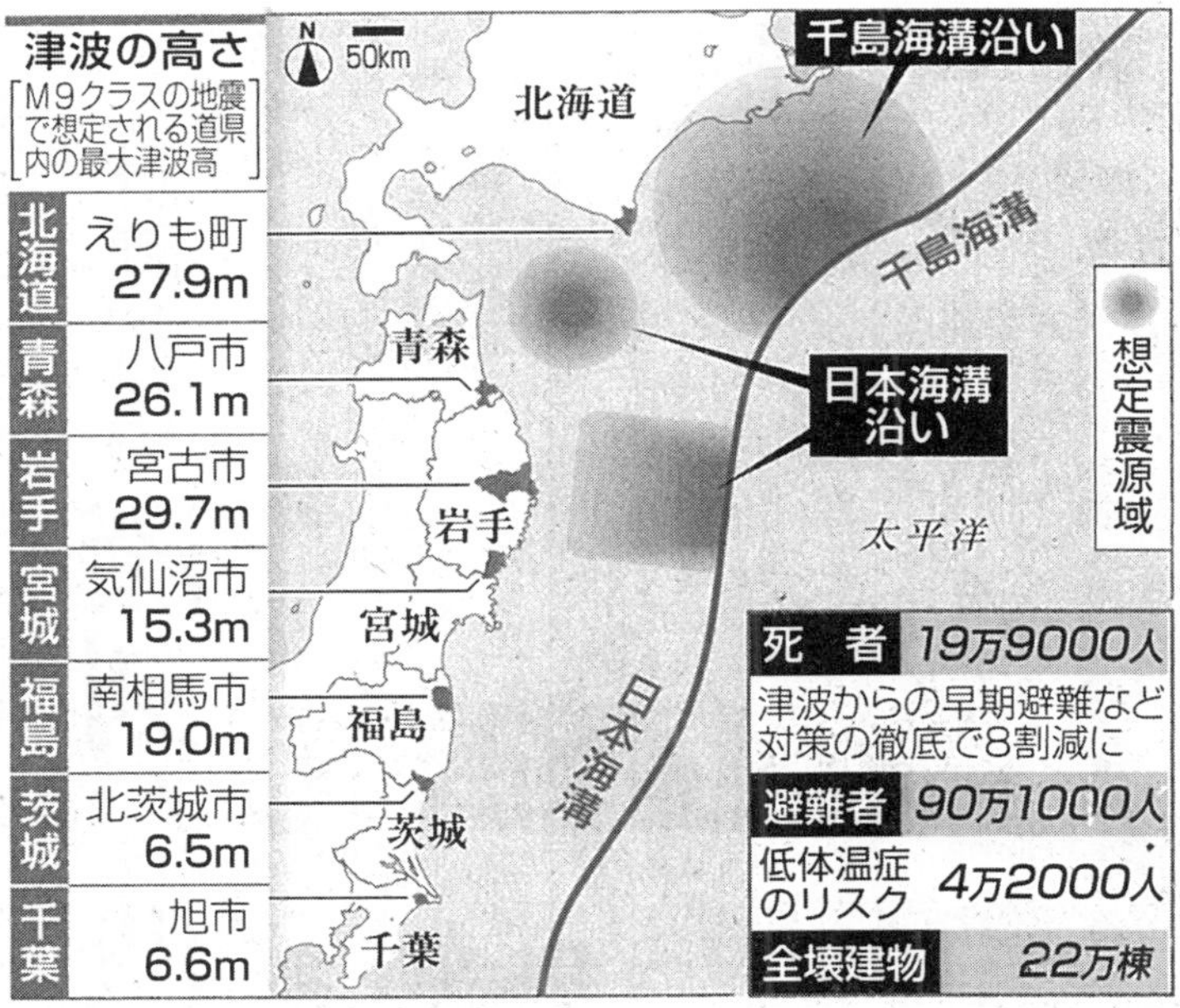

北海道	えりも町	27.9m
青森	八戸市	26.1m
岩手	宮古市	29.7m
宮城	気仙沼市	15.3m
福島	南相馬市	19.0m
茨城	北茨城市	6.5m
千葉	旭市	6.6m

死者	19万9000人
津波からの早期避難など対策の徹底で8割減に	
避難者	90万1000人
低体温症のリスク	4万2000人
全壊建物	22万棟

政府は報告書を踏まえ、防災の基本計画見直しなどを進める。

政府は昨年十二月、日本海溝・千島海溝地震の被害想定を公表。マグニチュード（M）9級の巨大地震で北海道や岩手県の一部に高さ三十㍍に迫る津波が到来し、最大十九万九千人が死亡するとした。

報告書は、避難時間を短くするため、避難路や避難施設の整備を求めた。積雪や路面凍結で避難に時間がかかることや、避難者が低体温症になる危険性も指摘。対策として、避難路に雪が積もらないよう屋根や壁で覆う取り組みや、避難タワーなどへの防寒具、暖房器具の設置を挙げた。

高台まで距離がある地域などは、自動車を用いた避難、高台への集団移転も検討する必要があるとした。住民の避難意識を高める教育や訓練の重要性も指摘した。最大二十二万棟の建物が全壊するとの想定を踏まえ、耐震化の促進も求めた。

災害発生後の対応では、積雪や路面凍結で救助や物資運搬に時間がかかることも考慮した支援計画や、医薬品の備蓄などを進めるとした。

M7以上で「備え」促す
政府、地震続発を警戒

政府は、中央防災会議の作業部会の提言を受け、日本海溝・千島海溝沿いでマグニチュード（M）7以上の揺れを観測した際、住民へ巨大地震に備えるよう促す制度の導入を目指す。巨大地震の発生可能性が高まるためで、警戒する期間は発生から一週間とする考え。

地震観測から十五分～二時間程度で気象庁が判断し、M7以上なら注意喚起する仕組み。住民には家具の固定や避難経路の確認を呼び掛け、企業にも設備の安全確認などを促す。国、自治体も態勢を強化する。

空振りが続いて住民の警戒心が薄れる懸念もあるが、担当者は「日ごろの備えを見直す契機にしてほしい」としている。

また、対象は過去の地震の知見が比較的ある北海道～岩手県沖の想定震源域や、その周辺とする。十六日に宮城、福島両県で最大震度6強を記録した地震は範囲外となる。

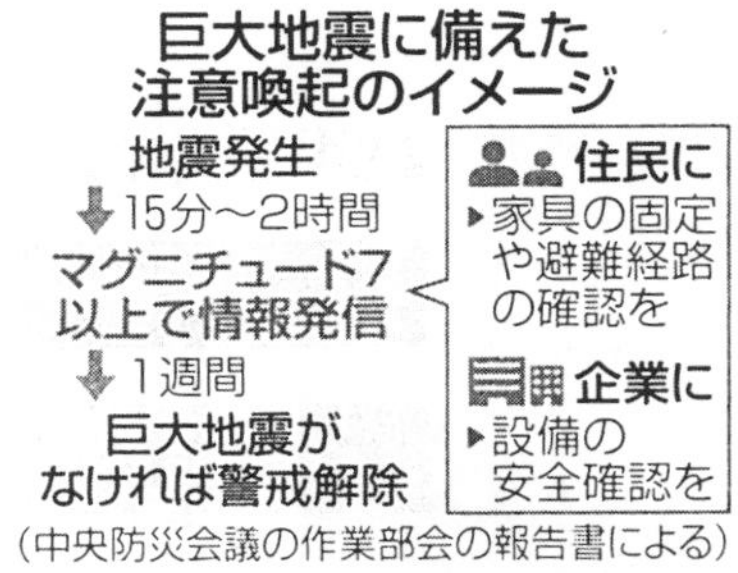

（中央防災会議の作業部会の報告書による）

東京22・3・22

視。三月八日付で通知を出し、適切な避難指示の発令を要請した。

基準に基づいて指示を出さなかった自治体に対しても、指針が「注意報の発表時は、漁業従事者や海水浴客などを念頭に、海岸堤防より海側で避難指示を発令する」としていることを強調。「この趣旨を踏まえた発令基準を適切に設定すること」と念を押した。

二〇～三〇㌢の津波でも巻き込まれれば命を脅かす可能性がある。内閣府の担当者は「注意報でも、堤防より海側に一般の人が立ち入る可能性があるなら、危険な地域に避難指示を出すなど適切に対応することが重要だ」としている。

トンガ沖噴火で津波注意報が出た353市町村の対応
※総務省消防庁の調査による

富士山噴火 まず徒歩避難
計画修正 深刻な渋滞懸念

読売22・3・31

山梨、静岡、神奈川の3県などでつくる富士山火山防災対策協議会は30日、富士山噴火直後の周辺住民の避難について、車を使わず原則徒歩で安全な場所に移動してもらう方針を明らかにした。現行計画は、自家用車でそれぞれ遠方に避難してもらう想定だったが、深刻な渋滞が懸念されるため大幅に軌道修正した。山梨、静岡両県の約11万人が主な対象となる。

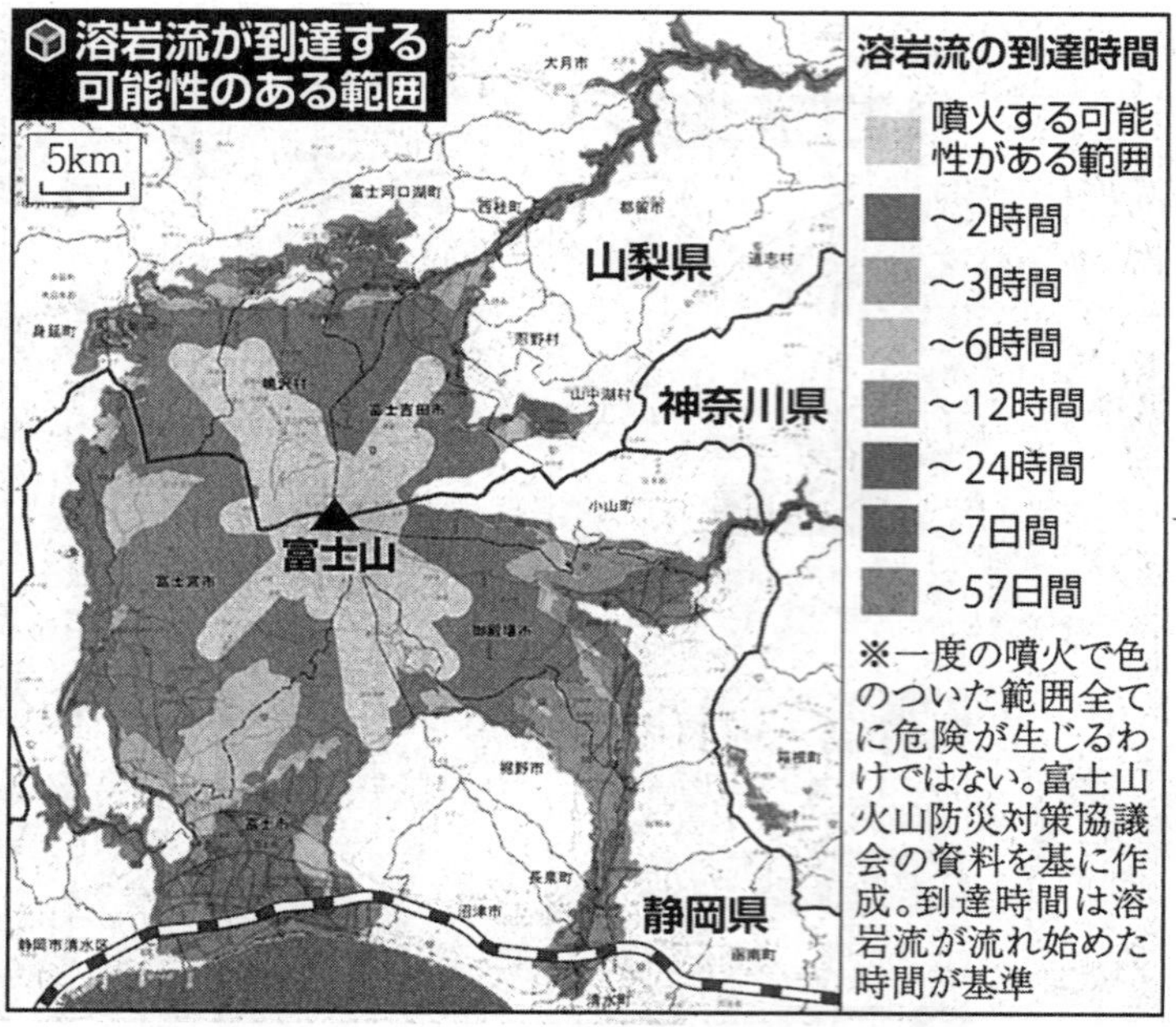

※一度の噴火で色のついた範囲全てに危険が生じるわけではない。富士山火山防災対策協議会の資料を基に作成。到達時間は溶岩流が流れ始めた時間が基準

協議会は昨年3月、17年ぶりに富士山噴火のハザードマップ（災害予測地図）を大幅に改定し、溶岩流の到達範囲や到達時間を詳細に予測。避難計画の見直しも進め、新たな計画の中間報告をまとめた。

新たなハザードマップに基づくと、溶岩流の速度は、市街地など勾配が緩い地形では人が歩く程度まで低下すると想定され、中間報告は「徒歩での避難が可能」と明示。速やかな避難が求められる範囲を、溶岩流が3時間以内に到達する可能性がある地域に設定した。

その上で、高齢者や障害者ら要支援者を除く一般住民は、危険な範囲から徒歩で離れ、必要に応じて、一時避難場所からバスなどの車両で集団避難してもらう方針を提示した。地元自治体は今後、中間報告に基づき、地域防災計画の見直しを進める。登山者や観光客の避難方法は今後の検討課題で、協議会は新年度中に最終報告をまとめる。

協議会で避難計画見直しをまとめた藤井敏嗣・山梨県富士山科学研究所長（マグマ学）は「車は渋滞で安全な避難ができなくなる可能性が高い」と話している。

災害時「ヘルプ」一目で
渋川市 障害者用バンダナ配布

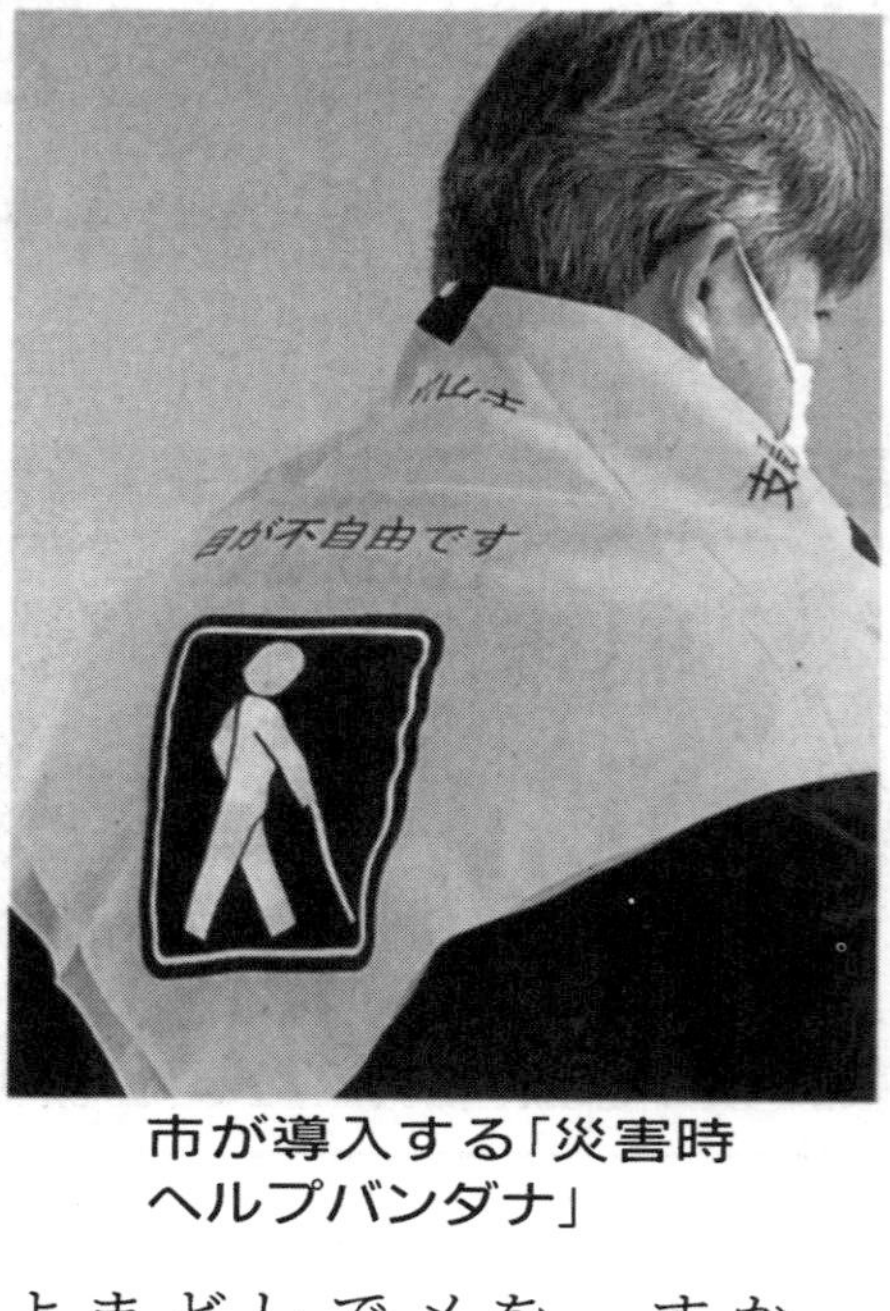

市が導入する「災害時ヘルプバンダナ」

災害時に障害者らが支援から取り残されないようにするため、渋川市は新年度、「災害時ヘルプバンダナ」を希望者に配布する。文字メッセージやピクトグラムで支援が必要なことを表示し、災害時に肩に羽織るなどして利用してもらう。さまざまな障害に対応できるように複数のメッセージを作成し、台風シーズンが本格化する9月に向けて配布する。

市によると、配布の対象は2級以上の障害者手帳を持つ人や妊婦ら。バンダナの大きさは縦横90センチとし、3500枚を作成する予定。「目が不自由です」「耳が不自由です」「身体が不自由です」といったメッセージとピクトグラムを表示する。防寒対策や止血などにも利用できるという。

誰もが暮らしやすい「共生社会」の実現に向けた取り組み。聴覚障害や内部障

歩行・ドア開閉 訓練装置導入

っているが、少しでも逃げ遅れたら助けられる側になってしまう」と話し、早めの避難の大切さを実感した

水害の怖さ 肌身で

来月、横浜市民防災センター

地震や火災、風水害の備えを学べる横浜市民防災センター（同市神奈川区）に4月から、水害の怖さを体感できる訓練装置が導入される。予約制で、浸水時の歩行やドア開閉の難しさを感じてもらう狙いだ。（渡辺渉、武藤龍大）

減災

新たに取り入れる水災害体験装置（縦約3・5㍍、横約2・5㍍）は、消防用ホースとポンプを使って深さ30㌢程度まで水をため、水流を発生させることができる。体験の際は胴長を着用して中を歩き、水の抵抗の大きさを肌で知ることが可能だ。

また、装置には扉も設置されており、外側が浸水した状況では開閉ができず、屋外への避難が困難になることが分かる仕組みになっている。同センターによると、ドアにかかる力が100㌔ほどになる水深50㌢の状況などを再現できる。担当者は「体験を通じ、早期避難の必要性を理解してほしい」と呼び掛けている。

3月26日には、地域で防災活動に取り組む住民ら約20人による先行体験が行われた。参加した同市鶴見区の神道映利さん(55)は「水圧の怖さを身をもって知った。自分は助ける側だと思様子だった。

また、専用のゴーグルを着けて、地震や火災、土砂災害の状況や対応策などを学べるＶＲ（仮想現実）体験コーナーも新設。8人まで同時に視聴できるという。

水災害体験装置の利用予約は4月1日から。5人以上の団体で申し込む。問い合わせは、同センター☎045（312）0119。

＝動画はウェブサイト「カナロコ」に

㊨水流に逆らって歩き、水圧の威力を体験する参加者㊦専用のゴーグルを着けて災害時の状況や対応を学べるＶＲ体験コーナー
＝横浜市神奈川区の市民防災センター

神奈川22・3・28

害、初期の妊娠など、外見からは支援が必要かどうか判断しづらいケースもあることから導入を決めた。市によると、太田市が聴覚障害者と手話通訳者用のバンダナを作成しているが、全てを網羅するようなバンダナは県内12市では初めてという。

支援者が着用するベストも330着用意する。「手話ができる」「荷物が運べる」など提供可能な支援を一目で分かるようにする予定。事業費計456万8千円を盛り込んだ新年度一般会計当初予算案が市議会3月定例会で可決された。

高木勉市長は「支援が必要な人と支援できる人をつなげ、災害時の安全安心を実現したい。全ての市民に障害者を支援する気持ちを持ってもらいたい」と狙いを説明している。

（奥木秀幸）

上毛（群馬）22・3・28

全国の雑居ビル 2割で防火不備

国交省

国土交通省は28日、大阪・北新地のビル放火殺人事件を受け、全国約1万の雑居ビルを緊急点検した結果、19・7％に当たる1985棟で、炎や煙の流入を防ぐ防火扉がないといった法令違反、管理不備が見つかったと発表した。避難の妨げとなる恐れがあり、是正指導を進める。ただ構造上、建て替えが必要で、改修による対応が難しい物件もあるとみられる。

点検対象は、避難階段が一つで、不特定多数の人が出入りするビル。過去の検査で問題が見つかるなどした1万3080棟を優先的に検査しており、2月末までに済んだ1万87棟分を集計した。

784棟は、階段や吹き抜けに炎や煙が流れ込まないよう壁、扉による区画の設置を義務付けた法令に違反。1201棟は防火扉の近くに段ボール箱やロッカーが置かれるなど維持管理が不十分だった。

法令違反か管理不備があった建物を都道府県別にみると、東京の441棟が最も多かった。

一方、地上につながる避難階段も、全国で計1869棟（18・5％）で法令違反か管理不備があった。

産経22・3・29

入団時の年齢上限撤廃

尾道市消防団 最長3年 休団制度導入

大分22・3・16

狭い道ＯＫ 軽の救急車

県内初、竹田市が導入

竹田市消防本部が導入した軽救急車。道路幅が狭い地域にも対応できる＝15日午前、竹田市消防本部

竹田市消防本部は15日、軽ワゴン車をベースにした救急車1台を市内会々の市消防署に配備した。小回りが利き、道幅の狭い地域にも対処できる。同本部によると、軽タイプの導入は県内初。九州でも数例しかないという。

車両は全長3・4㍍、幅1・47㍍、高さ1・89㍍。通常の高規格救急車と比べて長さは約2・2㍍、幅が約0・4㍍小さく、高さも約0・6㍍低い。

乗員は搬送者を含めて最大4人。資機材の積載スペースなどは限られるものの、自動体外式除細動器（AED）と吸引器などを備え、処置や観察もできる。

市内には高規格救急車で通行できない狭い道が山間部を中心に各所にある。救急隊員がストレッチャーを使って傷病者を数百㍍運ぶケースは年間60件ほど生じていたという。

出動の際は、高規格救急車と一緒に現地に向かう。軽救急車で対応し、近くの広い場所で待機した高規格救急車に乗せ替え、病院に運ぶ。

同本部は高規格タイプを市消防署に2台、久住分署に1台配備。軽タイプが加わり4台体制となる。購入費は約540万円。新型コロナウイルス対応地方創生臨時交付金事業を活用した。

同本部であった配車式で、署員を代表して工藤幸司警防係長(45)が「軽救急車を活用し、市民の命を守るよう努力する」と決意を述べた。（山田志朗）

八千代市消防本部が、出動時に装着して映像を撮る「隊員カメラ」を試験導入している。服のポケットやベルトに挟む小型装置で、通信機能が一体。現場の映像を本部庁舎の指揮支援担当らと同時共有し、迅速な対応や安全確保につなげる狙い。主に建設現場で使われている装置だ。

装置で映像撮影した
の消火活動

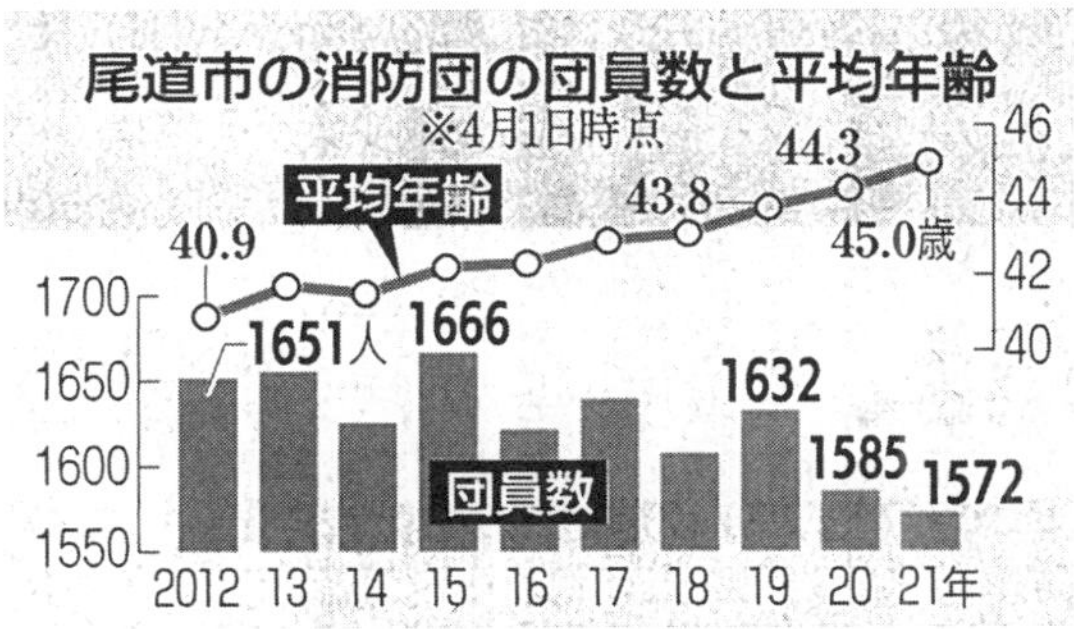

尾道市は4月から、市消防団員を確保するため入団時の年齢の上限をなくす。さらに仕事や家庭の事情による退団を防ごうと、団員としての活動を最長3年休止できるようにする。休団制度の導入は備後地方の6市町では初めて。国の通知に従い団員の年額報酬も引き上げる。

従来は入団時の年齢は60歳未満にしていた。定年は設けておらず、60歳以上の団員は昨年4月時点で123人いる。市は60歳を過ぎても十分に活動でき、会社などを定年退職後に入団したい人が一定数いると判断した。備後地方では、福山市だけが同様の入団制限や定年を設けている。

また退団を防ぐため、最長で3年間休んだ後も団長の承認を得て復帰できるようにする。これまで職場の異動で尾道市を離れたり、家族の介護や子どもの教育で時間を取られたりするなどして辞めるケースが目立ったという。

団員の報酬は現行は年2万円だが、国が昨年示した標準額に合わせ1・5倍の3万6500円に増やす。団長は年8万円から2500円を上積む。

市内の団員数は1572人（昨年4月時点）で条例定数を144人下回っている。平均年齢は45・0歳で上昇傾向にある。市消防局警防課の坂本勉課長は「消火活動の後方支援や防火の広報など、体力が落ちてもできる仕事がある。地域とのつながりを深めるきっかけに入団し、長く続けてほしい」と呼び掛ける。同課☎0848（55）9122。

（森田晃司）

中国（広島）22・3・21

千葉22・3・17

「隊員カメラ」試験導入

八千代市消防

現場映像、本部と共有

迅速対応、検証にも活用

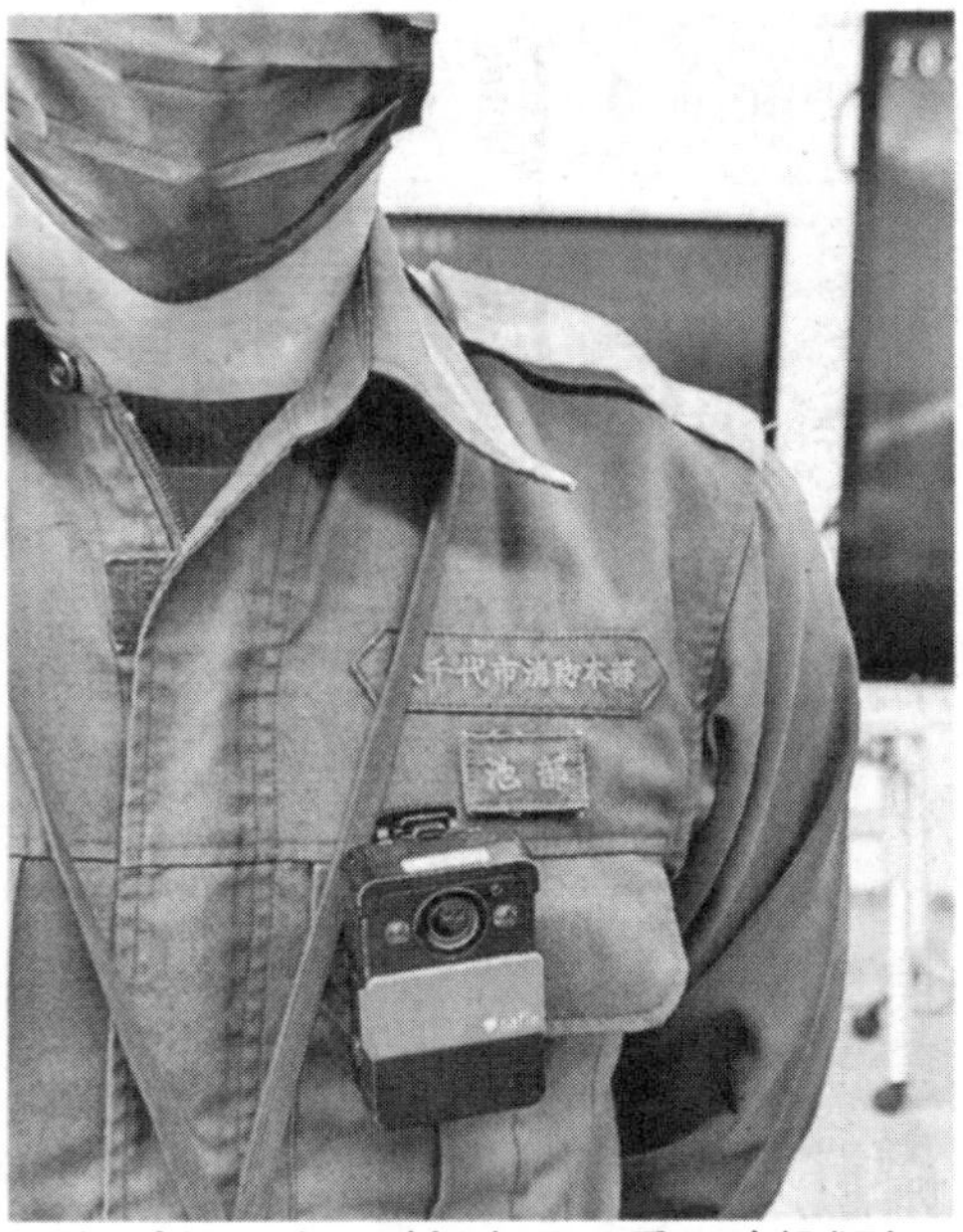

胸ポケットに着けているのが試験導入した隊員カメラ装置。縦8.4センチ、横5.5センチ、厚さ3センチ＝八千代市消防本部

このカメラ装置の存在を知った同本部側が、開発した会社に打診。昨年11月から3台を借りている。訓練時に加え、今年1～2月に市内で起きた火災や救助活動の現場にも投入した。

「無線のやりとりだけでなく、映像で現場が見えると得られる情報の量が多い。活動中の隊員が気付かないような点も映像の受け手側で分かる。隊員の支援や二次出動が必要かどうかの判断もしやすい」と、同本部警防課の池部知副主幹(46)は説明する。

同装置はアンテナの突起や配線類がなく、隊員が煩わしくない。異物に引っかかる恐れがあるヘルメット装着型よりも適している。

消防本部の画面には隊員撮影の映像とともに1台ごとの位置情報を表示。不測の事態が起きても居場所を把握できる。映像は専用サーバーに30日間自動保存され、ダウンロード可能。検証に活用できるという。

池部副主幹は「ドクターヘリに乗り込む医師が隊員と同じ映像を見れば、救助対象者のためにより的確なアドバイスもできる」と、応用の可能性を見通す。

県に出向中の2011年に東日本大震災が発生。岩手県の被災地に千葉県内消防隊を送り出した経験を持つ。現地に着いた部隊からの電話や写真による断片的な報告に歯がゆさも感じたという。

隊員カメラ装
河川敷火災の

以来、映像による情報共有の手法を模索。同本部はシステム更新に合わせ、設備のデジタル化を進め、上空から映像を撮れるドローン2機も昨年導入した。災害発生の早期段階は、導入済みの高所監視カメラやドローン映像で把握する。

試験導入の隊員カメラ装置は、セーフィー社（東京）が建設現場の作業進行・安全の遠隔管理用に開発した「ウェアラブルクラウドカメラ」。サーバーを介して映像を確認するシステムと一体で使う。

同社によると、働く人が8時間連続で使えるバッテリーを搭載、水やほこりに強いという。重さ約160グラム。レンズ部分を開けると電源が入って通信も始まる。今回の試験導入を通じ、活用の幅を広げたい考え。

消防ドローン 国が費用助成

被災箇所特定など

総務省消防庁は二〇二二年度から、地方自治体による消防本部への小型無人機ドローンの導入を後押しする。災害時の活用で迅速な被害把握につなげる。雨の中でも飛ばせるよう防水機能があり、動画も撮影できる機種を対象として費用の一部を財政支援する。一台当たり二百万円以上の機種を想定する。

災害の発生直後にドローンを飛ばせば、被害が発生した場所や程度などの情報を集められる。昨年七月の静岡県熱海市の大規模土石流災害でも、ドローンの映像が被災箇所の特定に役立った。

消防庁によると、昨年六月一日時点で、全国に七百二十四ある消防本部のうち三百八十三本部がドローンを配備しており、全体の半数を超えた。ただ簡易な機種が多く、災害対応に必要な機能を備えていないものも多い。導入していない消防本部は費用がネックになっている。

二二年度からはドローンの購入費を自治体が発行する地方債で賄えるようにする。返済分の70％は国が地方交付税で手当てする。消防庁の担当者は「被災現場の俯瞰《ふかん》的なデータが得られれば、適切な初動態勢の確保につながる」としている。

中日（愛知）22・3・27

災害不明者、氏名公表で調査 都道府県の6割 基準策定

内閣府は24日、災害時の安否不明者の氏名公表について、全都道府県に実施したアンケートの結果をまとめていた。

近年、災害を経験した市町村などへのアンケートも実施し、31自治体が回答。

災害安否不明者情報

宮城県 同意なしで公表

氏名、性別 緊急性考慮

宮城県は16日の県議会総務企画委員会で、災害時の安否不明者について、家族の同意がなくても氏名を公表する方針を明らかにした。生存率が著しく低下するとされる災害発生から72時間以内のできるだけ早い段階で公表し、迅速な救助活動に役立てる。同日付で運用を始めた。

安否不明者は内閣府の通知に基づき、「災害が原因で行方不明者となる疑いがある人」と定義。ドメスティックバイオレンス（DV）やストーカー、児童虐待などの被害者を保護するため、住民基本台帳の閲覧制限がないことを市町村が確認した上で、県が公表する。

公表情報は①氏名②年齢③性別④住所（大字まで）など。緊急性を優先し、確認できない項目は除外する場合がある。災害発生時の宿泊先など救助の効率化に役立つ情報を付け加えて発表する可能性もある。

安否不明者の氏名公表は従来、各自治体が独自の判断で決定していた。昨年7月に静岡県熱海市で発生した土石流災害では、県や市が主体的に公表し、捜索対象者の大幅な絞り込みにつながった。

宮城県は2018年の西日本豪雨で不明者の氏名を迅速に公表した岡山県などを参考に、公表基準について協議していた。

河北（宮城）22・3・17

い負担感

で5ポイント減

自治会・町内会への住民の世帯加入率が2021年度に平均で71・8％となり、10年前に比べて5・8ポイント減ったことが総務省による初の全国実態調査で分かった。都市部の集合住宅が増えて住民の接点が減り、役職や活動を重荷と感じる人たちが増えているのが要因。スマートフォンアプリでの情報共有など活動のデ

知、茨城、岡山の3県に次いで、福岡県が全国5位の1万908団体だった。

世帯加入率は、10年度から毎年のデータを保有する600自治体について集計。11年度の平均77・6％から年々減少し、21年度は71・8％となった。自治会などは任意団体で加入の義務はなく、人口が多い自治体ほど加入率が低く

回覧板で情報提供してきたが、スマホアプリで代替させることなどで、負担軽減を目指す。

ただアンケートで現状を尋ねると、ホームページや電子メールの活用が10％程度。「専用アプリの活用」は1・5％にとどまり、「該当なし」が75・1％と多かった。高齢者に電子機器の操作を身

めた。公表の可否に関する判断基準やガイドラインを定めているのは6割に当たる30自治体。残る17自治体も今後、何らかの方針を定めるとしている。

昨年12月1日時点の状況を尋ねた。各都道府県の回答内容は明らかにしていない。

基準やガイドラインがある都道府県のうち、17自治体はドメスティックバイオレンス（DV）の被害者など、住民基本台帳の閲覧制限の申告がある住民ではないことを公表条件に明記し

安否不明者の情報入手や氏名の公表手続きについて都道府県などと役割分担を確認しているのは、今月11日時点で9自治体にとどまった。

都道府県や市町村が災害時、個人情報の取り扱いに迷った場面についても調査。「家族を名乗る人からの問い合わせに、搬送先の医療機関を答えて良いか分からない」「避難者名簿の作成や管理を、自治会関係者など職員以外が行う場合」といった声が寄せられた。

神奈川22・3・25

「ノーネクタイ」勤務中通年実施

来月から川島町

埼玉22・3・29

川島町は4月1日から勤務中の「ノーネクタイ」の通年実施をする。県内の町村では初めての取り組み。

毎年、5～10月をクールビズ期間としてノーネクタイ、ノー上着などの軽装勤務を励行してきた。今回は働き方改革の一環として、ノーネクタイでの勤務を通年で実施することにした。これに先駆け、昨年11月から試行期間として実施した。

来庁者アンケート（215人）でもネクタイ着用については「したほうがよい」がゼロで、「しなくてよい」が143人、「どちらでもよい」が72人だった。なお、職務に応じた身だしなみで、TPO（時・場所・場合）をわきまえた服装とする。

担当の総務課では、ノーネクタイの通年実施で「業務の効率化やストレス軽減を図り、町民サービスの向上につなげたい」としている。

（磯田正重）

細る町内会 強

加入率71% 10年

ジタル化による負担軽減が進んでいない現状も明らかになった。災害時の対応も期待される中で、地域コミュニティーをどう維持するか模索が続く。

総務省は21年夏から、有識者による地域コミュニティーの研究会を設置。自治会などの実態把握のため、全国の自治体向けアンケートを実施し、1741市区町村の回答を得た。

自治会などの数は全国で約29万団体を確認。最多は1万5430団体の北海道で、愛

――

総務省、初の全国調査

なる傾向となった。

なぜ未加入者が増えているのか―。研究会でメンバーは「メリットが不明で若者が入りづらい」「収支が不透明で内輪だけの活動」「役（職）の負担が重い」「過去のやり方に固執、変化に対応してない」と指摘した。

こうした状況を改善しようと総務省は活動のデジタル化に着目。行政調査の協力や地域イベント告知、役員会の報告について、これまで

につけてもらうことも課題となる。

総務省は研究会の報告書を近くまとめ、ホームページなどで周知する方針。同省市町村課は「新型コロナウイルスの影響で活動に制約がある一方で、地域活動の受け皿としての必要性は高まっている。デジタル化などの先進事例も報告書に盛り込むので、参考にしてほしい」としている。

（竹中謙輔）

西日本22・3・28

地方創生

72市町村に人材派遣

政府 脱炭素など後押し

政府は15日、地方創生に取り組む自治体を支援するため、2022年度は72市町村に民間の人材や国家公務員ら計88人を派遣すると発表した。首長の補佐役として、脱炭素化やデジタル技術活用などを後押しする。愛媛では、今治、西予両市に各1人。

派遣事業は15年度に始まり、期間は最長2年間。人材が不足しがちなデジタル化などを支援するほか、今回から再生可能エネルギーの導入促進などを助言する「グリーン専門人材」も設けた。

グリーン分野では、12市町村に民間人材を派遣。北海道富良野市や山形県長井市はNTT東日本、鹿児島県日置市はIHIから受け入れる。

デジタル分野では、ソフトバンクや通信アプリ大手LINE（ライン）などの民間企業から36市町村に人材を派遣する。

グリーン、デジタル分野以外では、中央省庁の職員や大学の研究者らを派遣。地方創生全般や、地域の観光推進、ブランドづくりなどを担う。

愛媛22・3・16

●総務／財政

将棋の〈西の聖地〉と呼ばれ、藤井聡太竜王(19)らが本拠地とする関西将棋会館（大阪市福島区）が、2023年度に大阪府高槻市に移転することを受け、市は新会館建設の支援や将棋の普及啓発などを担う専門部署「将棋のまち推進課」を4月に新設する。

「将棋のまち推進課」新設へ　高槻

新会館建設を支援

日本将棋連盟によると、将棋の名前が付いた専門部署を置く自治体は全国でも珍しいという。

市は、王将戦の会場を誘致するなど「将棋のまち」づくりを進めており、昨年7月に老朽化していた会館の市への移転が決定した。

これまでは複数の部署が、新会館建設のPRや移転費用支援のためのふるさと納税の呼びかけなどを担当していたが、新部署では5人程度の職員が専従。今春に入学する小学1年生約3000人全員に将棋の駒を配布するほか、市のホームページや広報誌に詰将棋のコーナーを新設するなど、ファン拡大を目指す。

市は「縦割りのない専門部署で迅速に取り組みを進め、将棋文化を根付かせたい」としている。

読売（大阪）22・3・20

来月から電子契約導入

市、効率化やコスト削減

横須賀

横須賀市は4月から、事業者との調達などの契約を電子契約する「クラウド型電子契約サービス」を本格導入する。市によると地方自治体での導入は全国でも先進的で、県内では茅ケ崎市と並んで初の取り組みという。2022年度予算案に関連経費89万8千円を計上した。

市は業務効率化やコスト削減などを目的に、実証実験を昨年実施。書面による通常の契約事務に比べ、契約完了までの期間短縮やペーパーレス化などの業務が効率化し、事業者側にも作業時間短縮や印紙代をはじめとするコスト削減などのメリットが確認されたことから、本格導入に踏み切った。

電子契約は物品調達契約などからスタートし、同年度内には工事請負契約なども含めて契約課の発注案件全てに拡大する。

市は「中小企業が多い市内の事業者のDX（デジタルトランスフォーメーション）にも寄与し、事業者にも市側にも高いメリットが期待できる」としている。

（米本　良子）

神奈川22・3・23

採用案内　障害者排除か

7道県市　健診結果を条件に

2021年度の公務員採用を巡り、全国で少なくとも7道県市が「健康診断の結果によっては採用されない場合がある」などと、難病患者や障害者を排除するような受験案内を出していたことが毎日新聞の調査で明らかになった。総務省は19年に選考時の一律的な健康診断は「就職差別につながる恐れがある」と全国の自治体に点検を促していたが、徹底されていない実態が浮かんだ。

7道県市は取材に「配慮が足りないかもしれない」などとして、22年度の受験案内の見直しや変更を検討すると回答した。

21年度に47都道府県と20政令市が実施した大卒相当などを対象とする一般採用と障害者採用選考の受験案内を調べた。

北海道は障害者採用で「健康診断の結果によっては採用されない場合がある」と記述。岩手県はいずれの採用区分でも2次選考に身体検査を設け、「職務遂行に必要な健康度を有するか」を見るとしていた。

千葉県、長野県（一般）、鳥取県（障害者）、さいたま市（一般）は「心身の故障のため職務の遂行に支障があり、または堪えないことが明らかになった場合は採用されないことがある」などと記載。名古屋市（一般）は合格者に健康診断をする上で、「傷病等により職務に従事できない場合などには、採用されないことがある」と書いていた。

総務省は19年に「合理的・客観的に必要性が認められない選考時の健康診断」をしないよう都道府県や政令市に通知している。また厚生労働省は障害者雇用促進法に関する解説で、「心身ともに健全」といった障害者や難病患者が一律に排除されているような印象を求職者に与える恐れがある」募集を控え、業務内容や必要な能力を具体的に示すよう求めている。

7道県市とも毎日新聞の

策く

22日成立した2022年度予算は社会保障費の膨張などで一般会計総額が107兆円と過去最大になった。ロシアのウク

せず

計で全体の6割弱を占める。

一方で編成時に想定していなかった資源高などの経済環境の変化への対応が迫られている。政府は

続く。

22年度の予備費はコロナ対応で5兆円、その他で5000億円とそれぞれ21年度と同額を積んでいる。もともとコロナ対

足元では与党が年金受給者らへの給付金を要望している。原資として念頭にあるのは予備費とみられる。参院選をにらんだバラマキ色は否めな

日経22・3・23

22年度予算成立

原油・物価高対
「予備費頼み」強

成立した22年度予算の概要

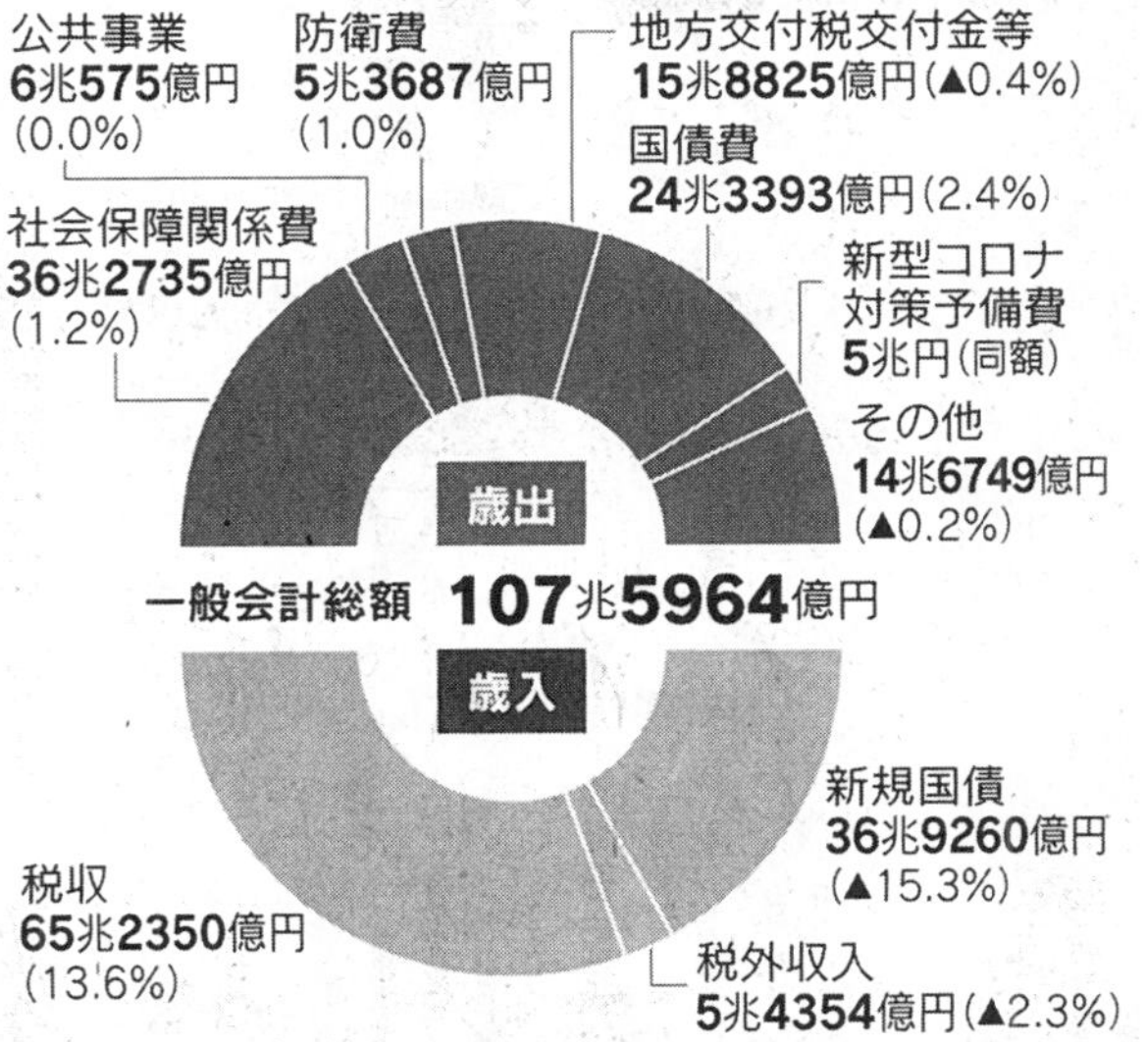

(注)カッコ内は21年度当初予算(組み替え後)比。▲はマイナス。
防衛費はデジタル庁計上の関連分を含むと5兆4005億円

ライナ侵攻による資源高の加速など想定外の事態も生じている。政府は物価高対策をまとめる方針で、早くも歳出圧力が高まる。夏には参院選も控える。国会の議決を経ずに使途を決められる予備費が便利な財布となり、バラマキ色が強まる懸念がある。

社会保障費は高齢化による自然増などで21年度当初比4393億円（1・2%）増え、初めて36兆円を超えた。新型コロナウイルス対応などで膨らんだ国債の元利払いに充てる国債費も5808億円（2・4%）増の24・3兆円と高水準が続く。社会保障費と国債費の合

賢い支出へ検証欠か

21年度は一般予備費の使用率が高い

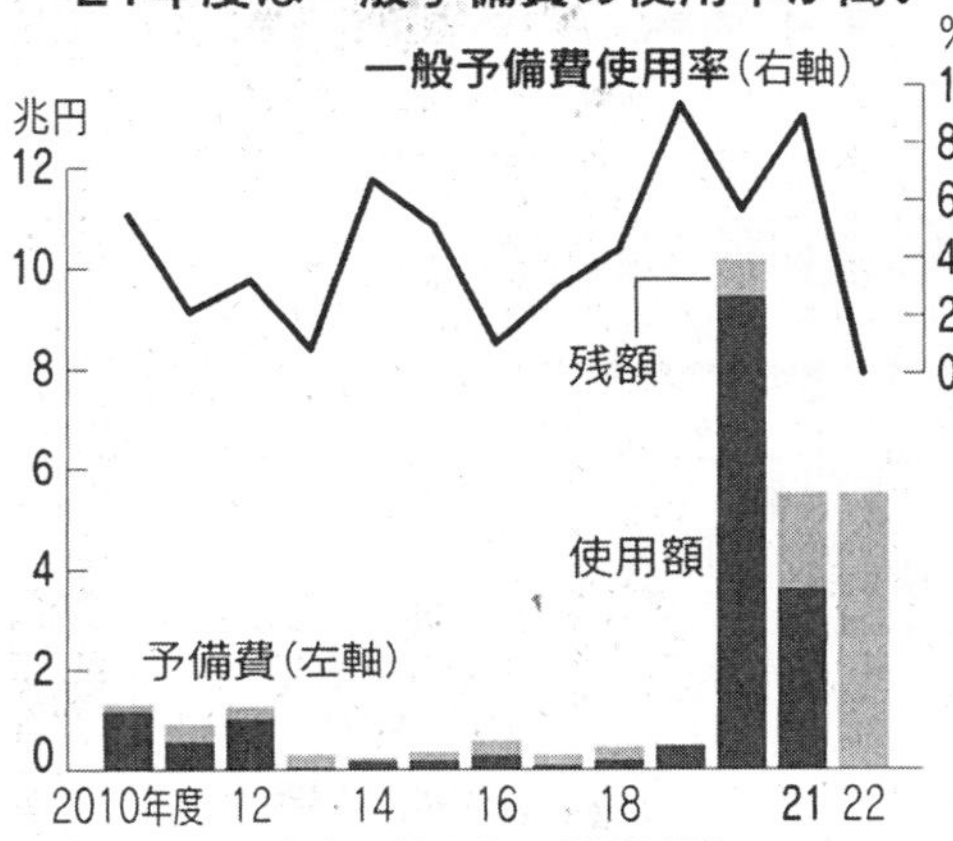

(注)予備費は補正後の増減修正後ベース、
コロナ対応分など含む

10日、ガソリン価格抑制に向けた石油元売りへの補助金を最大5円から25円に引き上げた。17日に早くも上限に達するなど急騰は収まる気配がない。

ガソリン補助金には21年度補正予算と21年度の予備費であわせて既に4300億円超を充てている。今後の制度設計次第で、補助金だけでも少なくとも数千億円の追加が必要になる可能性がある。

岸田文雄首相は3月末にも原油高・物価高対策の取りまとめを指示する方針だ。当面は補正予算案を編成せず、22年度予算の予備費の活用を想定する。削りにくい構造的な経費の増大で予算の硬直化が進む陰で、予備費への依存が深まる流れが

応は「第7波」などの感染再拡大、一般予備費は災害などへの備えが目的だ。

実際は国会の議決なしに閣議決定だけで支出目的を決められる。たがが緩めばとまらない恐れがある。

一般予備費の予算計上額に対する支出額の割合は、10年度以降1～6割程度と抑制的に運用されてきた。19年度は年度末に医療対策や生活支援に充て、最終的に9割を超えた。

20年度以降に計上されたコロナ予備費も使用率が高止まりする。21年度の残額は現時点で1・8兆円。首相は4回目接種用のワクチン購入費用などで1・3兆円の活用を表明しており、最終的に9割超を使う見通しだ。

い。

自民、公明、国民民主の3党はガソリン税率を一時的に下げる「トリガー条項」の凍結解除も視野に対策を協議している。仮にトリガー条項を発動すると、国と地方の税収はあわせて年1兆5700億円ほど減る見込みだ。参院選後には財源を穴埋めする補正予算の編成を迫られる可能性がある。

予備費を急場しのぎで見境なく使うようになれば、予算のいたずらな膨張に歯止めがかからなくなる。限られた財源を民間の活力を引き出すような「賢い支出」に振り向けなければ、成長が停滞したまま債務だけが膨らむ流れを断ち切れない。予備費の活用も効果の検証が欠かせない。

鈴木俊一財務相は予算成立後の記者会見で「国際情勢、経済状況などに不透明感が漂う中、新型コロナに対する安心安全を確保しながら経済を立て直して財政健全化に取り組むため着実な執行を進める」と述べた。予備費については「使い切ってしまえば良いとは毛頭考えていない。必要なことに対して臨機応変に機動的に使う」と強調した。

取材に、「健康診断で採否を決めておらず、障害者を差別や排除していない」など回答。「健康診断は（採用後の）配置を検討するためのもの」（北海道）や「勤務した場合に必要になる配慮や医師の指示を聞くため」（岩手県）などと説明した。

いずれも記録をさかのぼれる範囲で健康状態を理由にした不採用はなかったとしたが、名古屋市では辞退者が1人いた。

全国的には身体検査や健康診断は縮小方向にある。静岡県は、少年警察補導員にのみ身体検査と身体測定を残していたが、「身体能力が問われる街頭補導より、少年の立ち直りを支援する面談などが増えた」として、21年度から廃止した。山梨県では11年度以降、学芸員と警察鑑定研究職のみ視力と色覚検査の対象としている。ただ実際に検査するかは年度ごと、配属ごとに判断しているため、21年度の学芸員採用では検査を課さなかった。

【林田七恵】

毎日22・3・29

支援〝受け皿〟ふるさと納税

ウクライナへ自治体

ふるさと納税で寄付を募り、ロシアの侵攻が続くウクライナの支援につなげようとする自治体が出始めた。受付サイトに「緊急人道支援」などと銘打ったメニューを用意。集まった寄付金は、日本に避難してきた人たちの生活の手助けや、現地への物資供給に充てることを想定している。

兵庫県は10日、仲介サイトを通じ寄付を集め始めた。千円単位で可能で、返礼品はない。「返礼品を目的とした寄付はなじまない。気持ちをいただく、ということだ」と担当者。16日午前0時時点で首都圏を中心に全国から921件、計約1140万円が寄せられた。

使い道は、避難者を兵庫県内で受け入れた際の生活費や、現地に送る毛布やテントが候補だ。仲介サイトへの手数料は県の財源で賄い、寄付金には手を付けないという。

埼玉県吉川市は月末まで、サイトを通じて一口2千円の寄付を募る。こちらも返礼品は用意しない。「調達費や送料といった経費がかかってしまう」のが理由で、寄付の全額を避難者へのサポートや現地の医療支援に回す。

▶▶避難者たちの生活費
▶▶現地への物資供給に

ふるさと納税によるウクライナ支援の例

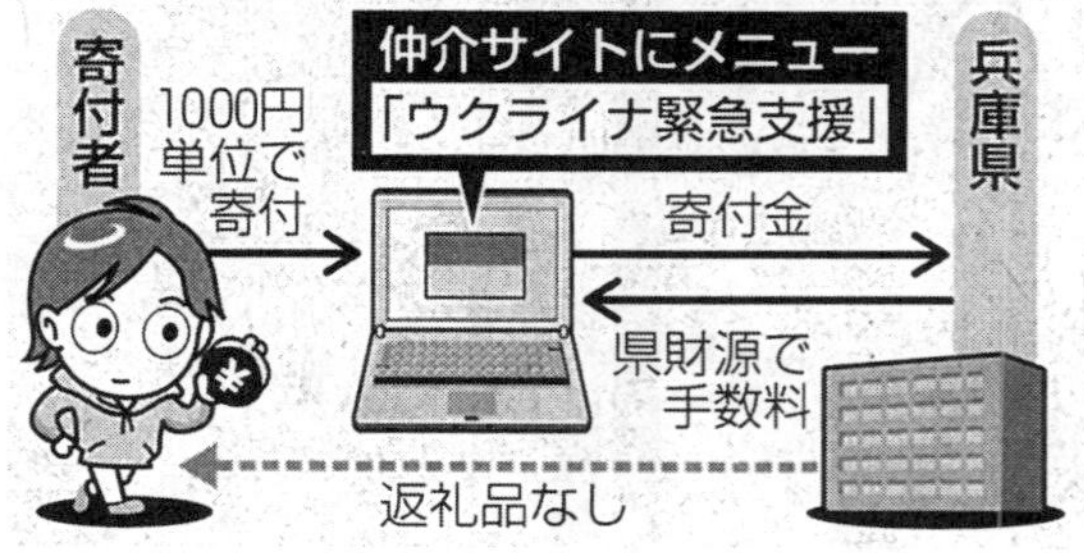

「クレジットカードや電子マネーも使え、市外からも寄付がしやすい」。ふるさと納税の利点をこう説明するのは東京都三鷹市の担当者。幅広い支援を呼び込むため、市庁舎での募金に加えて活用することにした。寄付金は日本赤十字社に送る予定。月末まで続け、状況次第で延長も考える。

ふるさと納税は、応援したい自治体に寄付すると、上限額を超えなければ、自己負担分の2千円を除いた額が住民税などから差し引かれる。

神奈川22・3・17

草津町　ふるさと納税の5%
ウクライナへ寄付
返礼品3割相当は維持

草津町は23日、新年度に同町へのふるさと納税で集まった金額の5%を、ロシアによる軍事侵攻を受けるウクライナに寄付することを明らかにした。納付額の3割相当とする返礼品は現状のまま維持する。町によると、返礼品を伴わないふるさと納税でウクライナ支援の寄付金を募る動きは全国の自治体に広がっているが、返礼品を贈った上での寄付は初めてとみられる。

町には本年度、約7億6千万円がふるさと納税として納められる見込み。新年度も同程度が集まった場合、1年間で3800万円前後を寄付することになる。ウクライナ大使館に寄付し、人道支援と復興に役立ててもらう予定。

来月1日以降、ふるさと納税で寄せられた分を月ごとに計算し、毎月寄付する。集まったふるさと納税の金額と、ウクライナへの寄付額は町のホームページで順次公開する。

町は現在、返礼品として町内の旅館やホテルで使える「くさつ温泉感謝券」などを納付額の3割相当分、贈っている。黒岩信忠町長は「返礼品を付けた方が多くの金額が集まると判断した。（町の主要産業である）観光業は平和を前提とする産業の最たるもの。ウクライナに平和を取り戻してほしいという思いだ」と意図を説明した。（須永彪月）

上毛（群馬）22・3・24

塩尻市 住民税案内に行動経済学の理論活用

チラシ工夫で申告増加

不利益強調 住民の手続き促す

塩尻市が本年度、市民に住民税の申告を促すため行動経済学の「ナッジ理論」を採り入れ、「申告しないデメリット」を強調したチラシを同封して申告書を送付したところ、期間内に申告した人が前年度より1割以上も多い1900人に増えた。市税務課は「こんなに増えるとは」と驚いている。

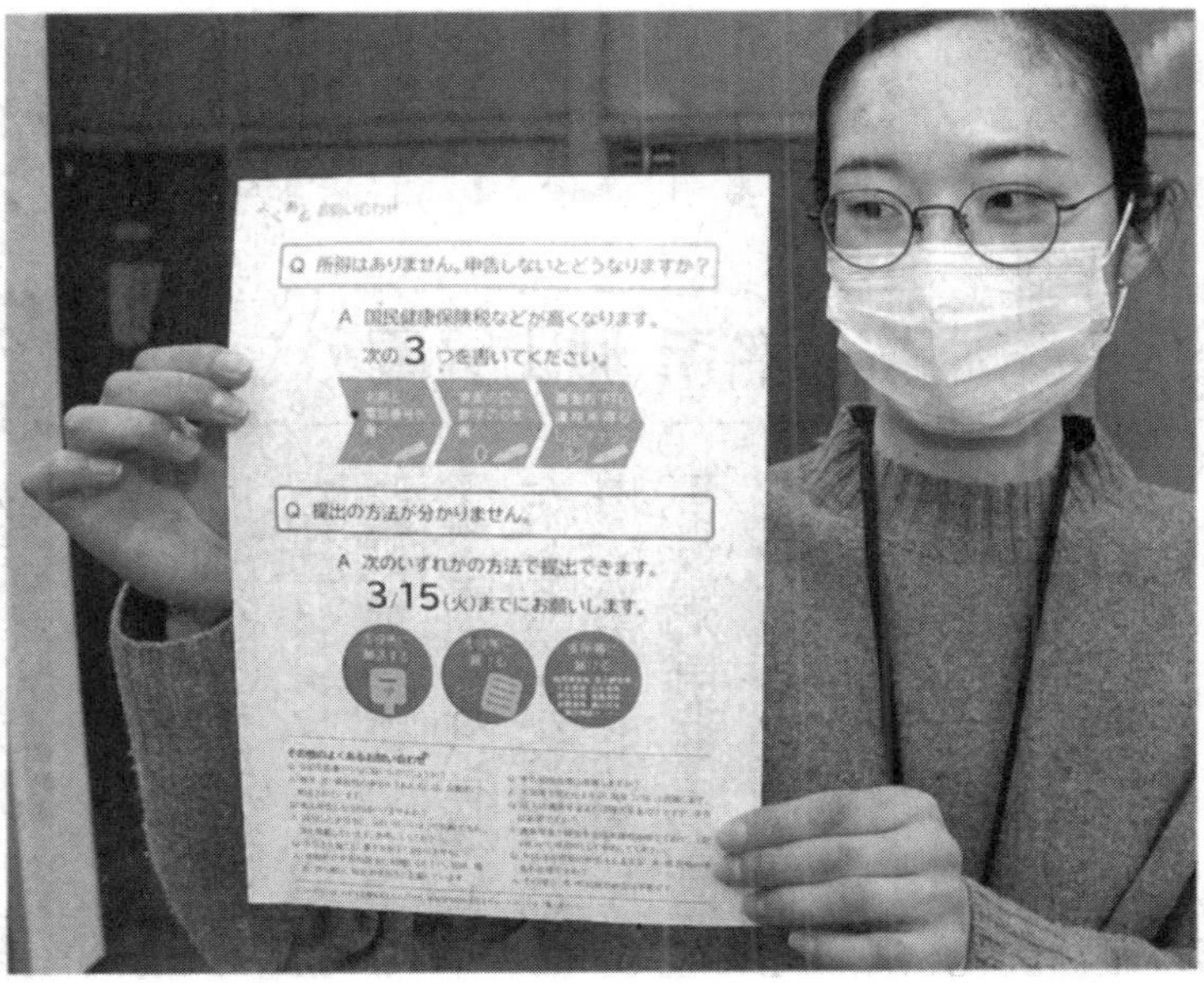

塩尻市が本年度、住民税の申告書と同封して送ったチラシ。無申告のデメリットなどを強調した

ナッジ理論は、ちょっとしたきっかけを与えることで自発的な行動を促す理論。提唱した米シカゴ大のリチャード・セイラー教授は2017年のノーベル経済学賞を受賞した。塩尻市によると、横浜市なども固定資産税の納税者ら向けにナッジ理論を利用した取り組みを始めている。

住民税申告について塩尻市はこれまで、申告書と手引きだけを同封して市民に発送していた。例年、市民から「課税所得がないのに申告が必要なのか」との問い合わせが相次ぐといい、新たに作ったチラシには「国民健康保険税などが高くなります」との回答を大きく記載。無申告のデメリットを強調し、不利益を避けたいと考える市民の申告を促した。

市税務課によると、昨年度までの申告者数は1600人台で推移していたが、本年度は今月15日までの期間内に申告した人が昨年度を206人上回った。担当者は「100人くらい増えればいいと思っていたのでびっくり。これからも工夫を重ねたい」としている。

信毎（長野）22・3・23

北海道22・3・29

廃止駅の床板とレール 返礼品に

比布ふるさと納税

北比布、南比布駅 限定50個 記念盾

廃駅となった南比布、北比布両駅の建材を生かした記念盾 ▼

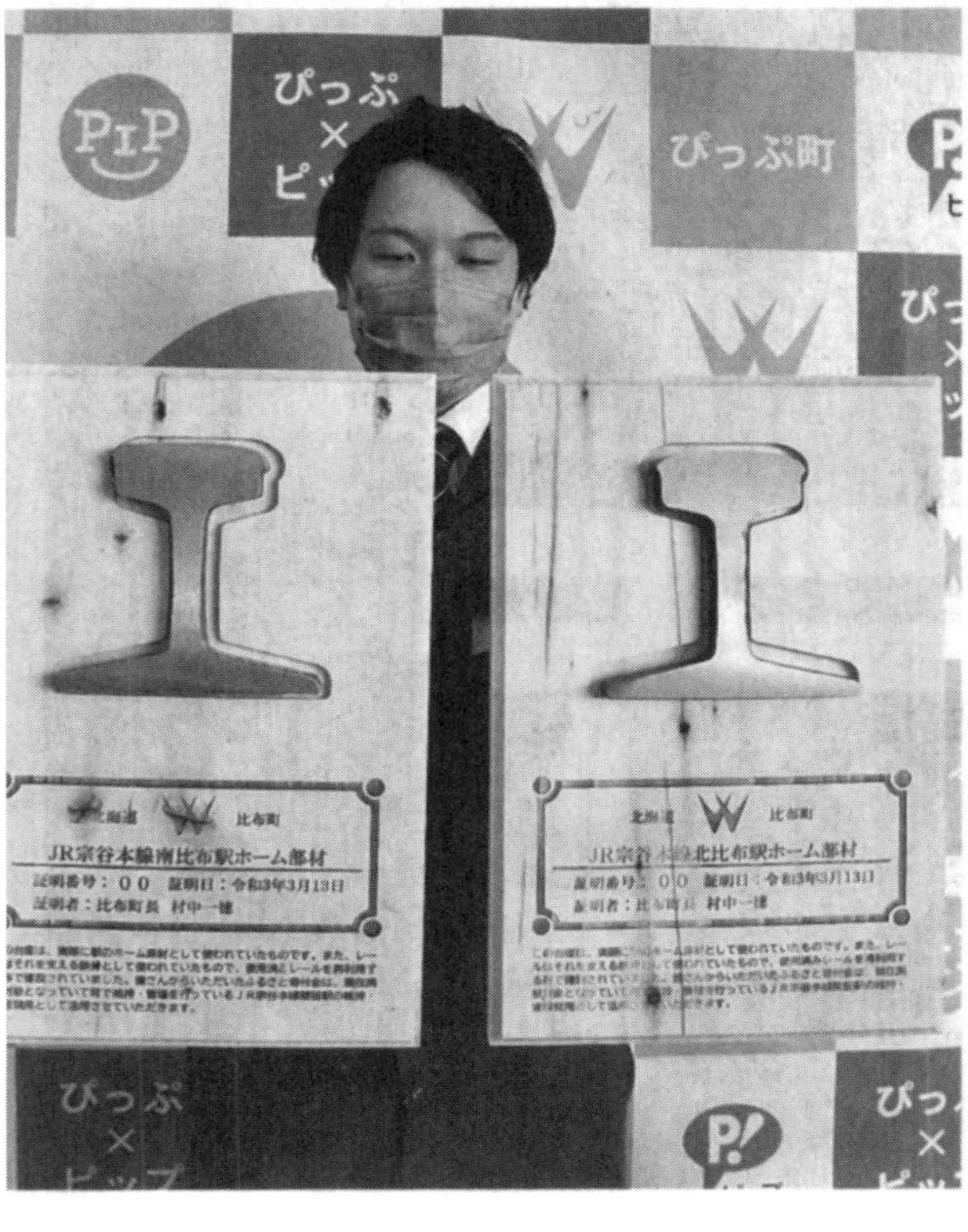

【比布】上川管内比布町は昨年3月に廃止されたJR宗谷線の北比布、南比布両駅のホームに長年使われた木製の床板と、古いレールを生かした記念盾を作り、ふるさと納税の返礼品に加えた。各駅それぞれ限定50個を3万円の寄付に対して贈る。寄付金は町管理で存続している宗谷線蘭留駅の維持費に充てる。駅ホームの床板を使った記念品は全国でも珍しいという。

盾は、縦30センチ、横20センチの床板に厚さ15ミリにカットしたレールをはめ込んだ。床板はくぎの跡が残っているものがあるほか、駅ごとに1～50の番号が印字され、マニアの心をくすぐる。

JR北海道の経営合理化で両駅が廃止された後、町は床材で記念品を作ることを企画。鉄道好きの解体業者が床の骨組みに古いレールが使われていることを発見し、どちらも生かすことにした。

旭川市内の鉄道雑貨店「ぽっぽや」の安田威《たけし》代表(53)は「レールの文鎮は一般的だが床板も使った記念品は聞いたことがない。実際に使われていたものを残すことは意義がある」と話す。蘭留駅の維持管理には年250万円必要で、町は「支援を待っています」。

寄付はふるさと納税サイト「ふるさとチョイス」や町に直接申し込む。

ふるさと納税

大洗町、ウクライナ支援

ロシアの軍事侵攻を受けているウクライナと避難民を受け入れているポーランドを支援しようと、大洗町はふるさと納税を利用した寄付金の受け付けを始めた。同町はポーランドのオトフォック市と友好都市となっている。寄付金は両国の在日大使館を通じて全額届けられる。

寄付金は千円以上から受け付け、返礼品はなし。寄付者には後日、同町から「寄付金受領証明書」が郵送される。寄付金のうち2千円を超えた額については税の優遇控除が受けられる。

同町議会は16日に開かれた本会議で、「ロシアによるウクライナへの軍事侵攻を非難する決議」を全会一致で可決した。

申し込みは、同町ふるさと納税特設サイトhttps://furusato-oarai.jp/

（川崎陸）

茨城22・3・26

総務省、再び交付税減額

納税寄付金「多額」

格差是正のため適法」

総務省は十八日、ふるさと納税の寄付金が多額だったとの理由で、福井県敦賀市と宮崎県都農町の二〇二一年度特別交付税を減額したと明らかにした。この手法は大阪府泉佐野市が起こした訴訟の一審判決で違法と認定されたばかり。しかし同省は「財源が乏しい自治体との格差是正が目的で、適法」と控訴しており、再び減額に踏み切った。

特別交付税を減額する新ルールは一八年度に導入した。多額の寄付金収入があり、東七十億円以上の寄付を獲得しており、特別交付税は二〇年度比11％減の三億二千七百万円。予算規模が約百五十億円の都農町は、牛肉などで百億円以上を集め、70％減の九千九百万円となった。

特別交付税の総額は毎年度、約一兆円で、総務省は十二月と翌年三月の二回に分けて配分する。裕福な自治体の配分額を減らせば人口減少で税収が細り、目立った特産品がなく寄付も少ない自治体に手厚く配分することが可能だ。

坂井市 電子契約を導入

新年度から コスト減、時短に

坂井市は15日、新年度から民間事業者との契約手続きをオンラインで行う電子契約を導入すると発表した。収入印紙が不要になることでコスト削減が図られ、契約書作成の時間短縮などの効果が見込める。市によると、電子契約の導入は県内市町で初めて。

デジタル化の一環として全国の自治体で押印廃止が進む中、市はネット環境を活用してメールでやりとりするこれまでの実証実験で、契約機能に関する電子署名や履歴管理などシステムの安全性を確認した。

工事請負や業務委託など2020年度の契約は1481件あり、押印や袋詰めなど書類作成にかかる時間は年間790時間短縮できると試算する。一方の民間事業者側は電子契約した場合、1千万円以上の契約なら1万円かかる収入印紙代がトータルで650万円削減され、契約書の郵送費も省ける。

5月から運用を始め、当面は契約事業者の希望に基づき、紙か電子契約が選べるようにする。市監理課は「マニュアルをもとに、どの部署でもしっかりと対応できるよう体制を整えたい」としている。

（山口晶永）

福井22・3・17

「空き家税」全国初可決

京都市会 年9.5億円 税収見込む

どうなる
京都市財政

京都市議会は25日の本会議で、空き家や別荘の所有

活用促進税の仕組み
屋）の0.7%
地）の1平方㍍単価に
た額の0.15～0.6%※
屋）が、
5%
0万円未満：0.3%
%
合計が税額
定資産評価額（家屋）が
課税免除

ふるさと納税ができる自動販売機＝神奈川県藤沢市

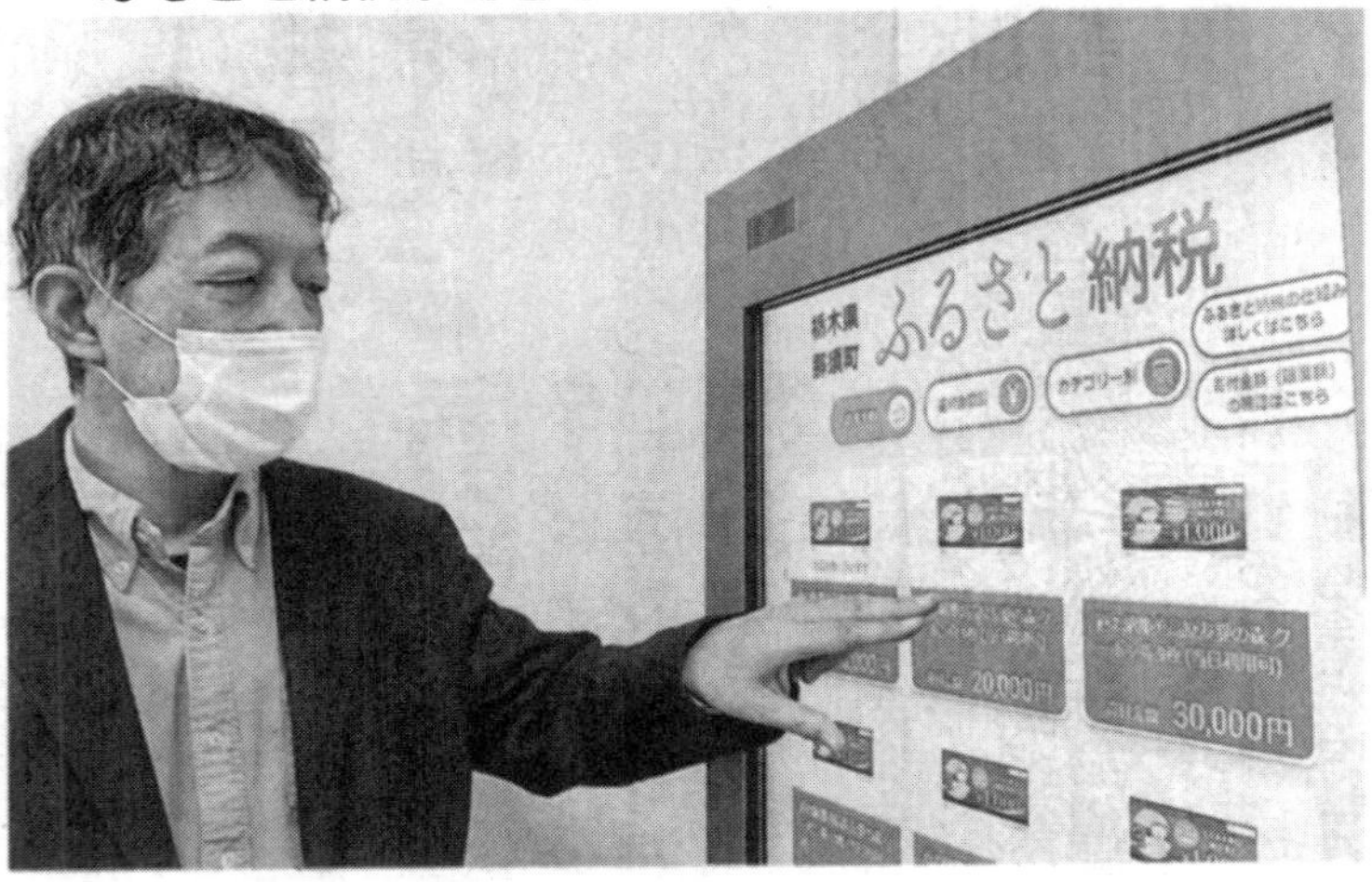

福井22・3・21

ふるさと納税 自販機で

4県の7市町村導入

旅先で寄付 返礼受け取り

旅先で手軽にふるさと納税ができる自動販売機に注目が集まっている。飲み物を買うように簡単に手続きができ、その場で商品券などの返礼品を受け取れる利便性の高さが人気の理由だ。登場から1年超で、栃木や山梨など4県の計7市町村に導入されており、今後も各地に広がりそうだ。

自販機は飲料水用と同等のサイズで、タッチパネルで返礼品を選び、現金やクレジットカードで入金すると、返礼品に引き換えられるレシートが出てくる仕組み。免許証を機械にかざせば氏名や住所が自動入力され、手続きは数分で完了する。

開発したのは神奈川県藤沢市のIT企業「グローキーアップ」で、「観光客がその場で簡単に納税できるように」との思いから実用化。1号機は2020年12月に同県湯河原町のゴルフ場に設置された。

静岡県御殿場市ではゴルフ場とアウトレットモールの計4カ所に自販機を置いた。ゴルフ場の返礼品はプレー代になるクーポン券で、設置した昨年12月だけで計約1千万円の寄付が集まった。市担当者は「12月は寄付が増える時期だが想像以上」と手応えを語る。

山梨県小菅村が昨年6月に道の駅に導入した自販機は、野菜などの特産品がその場で買える商品券のほか、後日自宅に届く木工品などから返礼品を選ぶ。村の担当者は「道の駅で実際の返礼品を手に取ってもらえるので魅力が伝わりやすい」と強調した。

グローキーアップによると、関西や九州でも設置予定で、鍵和田芳光社長は「インターネットで返礼品を選んで寄付先を決めるのではなく、訪れて魅力を感じた自治体を応援する動きを後押ししたい」と意気込む。

ふるさと

京都などと同等の高い財政力がある自治体に発動する仕組みで、一八～一九年度は泉佐野市などが該当。二〇年度は該当がなく、二一年度は敦賀市と都農町に適用した。

具体的には、敦賀市は約三百億円の予算規模に対し、カニやエビなどの人気返礼品で

敦賀市など2市町「

これを不当と訴えたのが泉佐野市で、今月十日の一審大阪地裁判決は寄付収入を理由とした減額は違法と判断。総務省は十四日、判決を不服として控訴した。担当者は取材に「財源には限りがあり、財政力のない自治体に配分するのが適切だ」と強調した。

中日（愛知）22・3・19

京都22・3・26

者を対象とする「非居住住宅利活用促進税」を制定する条例案を可決した。同市では、2018年に導入された宿泊税に続く新税で、空き家であることを理由に課税するのは全国初。

同税は、物件の価値に応じて課税額を設定。固定資産評価額（家屋）の0・7%に、同評価額（土地）の1平方㍍単価と建物の床面積をかけた金額の0・15～0・6%を加えて算出する。京町家や歴史的建造物などは対象外で、賃貸や売却予定の建物は1年間は免除される。新税導入は26年度以降で、年間約9億5千万円の税収を見込む。

市の試算では、課税対象は約1万5千戸といい、大半が空き家で別荘は千戸ほどと見込まれている。

条例案は共産党を除く賛成多数で可決された。また「条例制定の目的は、市民生活とまちづくりの活性化を目指す政策誘導だということを周知するよう努めること」とする付帯決議も可決された。

門川大作市長は本会議後、記者団の取材に応じ「財政が厳しいから税をかけるのではない。新しい税をうまく適用すれば居住促進につながる」と理解を求めた。

（山本旭洋）

京都市が示す
非居住住宅利活

①固定資産評価額（家

＋

②固定資産評価額（土
建物の床面積をかけた

※固定資産評価額（家屋

- 700万円未満：0.1
- 700万円以上～90
- 900万円以上：0.6

①と②の合

ただし導入から５年は固
100万円未満の建物は課

核ごみ議事録 非開示は違法

函館地裁判決 寿都町条例に反する

【函館】原発から出る高レベル放射性廃棄物（核のごみ）の最終処分場選定に向けた後志管内寿都町の文献調査応募を巡り、町議会が全員協議会の議事録などを非公開としたのは違法だとして、町民2人が町を相手取り、非開示決定の取り消しと文書の開示を求めた行政訴訟の判決が29日、函館地裁であった。進藤壮一郎裁判長は、非開示決定は町条例に反し違法だとして決定を取り消した。

（高橋智也、前野貴大）

原告は文献調査に反対する住民団体メンバーの神貢一さん(68)と槌谷和幸さん(73)。

判決理由で、進藤裁判長は「議会の取り決めは協議会の傍聴を認めないことにとどまる」とし、「議事録を非開示とする旨の合意がされたとは認められない」として、争点だった議会内での非開示の「取り決め」を否定。非開示決定は町情報公開条例に反し取り消すべきだとした。一方、原告側が求めた録音資料なども含めた文書開示の義務付けは認めなかった。

判決後、原告側は「情報公開の重要性を正面から認めた判決」と声明を発表。神さんは「大変うれしい。核のごみ問題に関わらず、町政の問題を本会議という見える場で議論してほしい」と語った。原告側は30日、町議会に議事録の公開を求めて申し入れする。寿都町は「判決文をしっかり確認し今後の対応を判断する」とのコメントを出した。

訴状によると、原告側は全員協議会の議事録などを開示請求したが「議会で非公開として取り決めされている」などとして非開示になった。

北海道22・3・30

道警ヤジ排除 賠償命令

安倍氏演説中「表現の自由侵害」

札幌地裁

一時保護継続は違法

大阪地裁判決 面会制限も不当

虐待を疑われて、生後1か月だった長女を児童相談所に約8か月間一時保護された大阪府内の母親（30歳代）が、不当に長女と引き離され、面会も制限されたとして、府に500万円の損害賠償を求めた訴訟の判決が24日、大阪地裁であった。山地修裁判長は「虐待の有無の検討が不十分」などと保護の継続と面会制限の違法性を認め、府に100万円の支払いを命じた。

一時保護や面会制限は児童福祉法に基づき児相の裁量で行われる。原告側弁護士によると、その違法性を認めた判決は異例という。

判決によると、長女は2018年冬、自宅で頭を骨折するけがを負った。母親は誤って床に落としたと説明したが、府池田子ども家庭センター（児相）は虐待を疑い、長女を一時保護。面会は予防接種に付き添った1日を除いて、2か月半認められなかった。

児相は一時保護を延長す

「母親に虐待を疑わせるものはない」と認定。再検討のために延長は認めたが、一時保護はその後約5か月続き、期間は計約8か月に及んだ。

山地裁判長は、一時保護自体は安全確保のために妥当だったとした上で、児相が家裁の決定後も医師の鑑定の再検討をしていないとして、「司法の指摘を真摯《しんし》に検討せず、保護の継続に合理性がない」と指摘。遅くとも決定の1か月後に家庭に戻せたとし、その後の約4か月間を違法とした。

また、面会制限については、母親が面会を求めたのに、任意を前提とする児童福祉法の「指導」を根拠に制限を続けた点を挙げ、「事実上の強制で、正当な理由がなく、違法」と判断。「母親は子どもの成長を見守るかけがえのない時間を失った」と述べた。

母親は判決後の記者会見で「娘との時間は戻ってこない。長期の保護が娘のた札幌市内で2019年7月、参院選の街頭演説をしていた安倍晋三首相（当時）に「安倍辞めろ」などとヤジを飛ばした札幌市の大杉雅栄さん（34）と桃井希生さん（26）が、北海道警の警察官にその場から不当に排除されたとして、北海道に計660万円の損害賠償を求めた訴訟の判決が25日、札幌地裁であった。広瀬孝裁判長は排除の違法性を認めた上で、憲法で保障された表現の自由が「警察官によって侵害された」として、計88万円の賠償を命じた。

判決によると、原告は「増税反対」「安倍辞めろ」などと声を上げたところ、警察官に肩や腕などをつかまれて移動させられたり、長時間つきまとわれたりした。道警側は、原告と周囲にいた聴衆との間にトラブルや犯罪に発展する危険性があったと主張。「危険な事態」や「犯罪がまさに行われようとする時」に行為を制止できると定めた警察官職務執行法4条と5条に基づいた措置だったと訴えた。しかし、広瀬裁判長は具体的なトラブルがなく、原告らが声を上げた約10秒後に肩をつかむなどした状況から危険な事態ではなかったとして排除を違法とした。

さらに、原告のヤジについて「いささか上品さを欠くきらいがある」としつつも、民主主義社会を基礎づける重要な権利である「政治的な表現行為」に当たると指摘。警察官が原告に「演説しているから邪魔しちゃだめだよ」などと発言した状況などから「警察官は首相の街頭演説にそぐわないもの」と判断してヤジを制限したと推認し、「表現の自由を侵害した」と結論づけた。

判決後、大杉さんは「求めていたことを100％認めてくれた」。桃井さんは「声を上げることで社会は変えられる。その始まりとなる表現の自由が守られてよかった」と語った。道警は「判決内容を精査し、対応を検討してまいります」とのコメントを出した。【高橋由衣、谷口拓未、高山純二】

判決は妥当

甲南大の園田寿名誉教授（刑法）の話　警察官職務執行法に基づく警察力を行使する場合、生命や身体へ危険が及ぶという極めて高度な蓋然（がいぜん）性が必要だ。しかし、今回のケースはヤジを飛ばしたり、プラカードを掲げたりといった抽象的な危険にとどまっている。民主主義の根幹である表現の自由を制限するだけの合理性はなく、判決は妥当だ。

毎日22・3・26

るための審判を、大阪家裁に申し立てた。しかし、家裁は19年3月の決定で、児相が虐待を疑う根拠とした医師の鑑定に疑問を示し、めだったのか、府は検証してほしい」と訴えた。府は「判決内容を精査し、控訴するか検討する」とした。

読売22・3・25

夫婦別姓　原告の敗訴確定

最高裁　2裁判官、同姓規定「違憲」

夫婦同姓を定める民法などが憲法違反かどうかが争われた国家賠償請求訴訟2件について、最高裁第3小法廷（林道晴裁判長）は23日までに、原告側の上告を退ける決定をした。原告敗訴とした一、二審判決が確定した。同小法廷の決定では裁判官5人のうち2人が上告を退ける判断に同調しつつ、規定は「違憲」との意見をつけた。22日付。

同種の訴えを巡っては、裁判官15人全員で構成される最高裁大法廷が2015年12月、21年6月に合憲だと結論づけている。ただ15年は5人、21年は4人が違憲とする判断を示した。選択的夫婦別姓を容認する意見は社会で目立ちつつあり、「憲法の番人」と呼ばれる最高裁裁判官の判断も割れている。

今回の訴訟は、広島県や東京都の男女が起こした。夫婦同姓を定める民法と戸籍法の規定は、両性の本質的平等を定める憲法24条などに違反すると主張。規定の改正・廃止をしなかった国に対し、1人あたり50万円の賠償を求めた。

それぞれの一、二審は憲法違反の主張を認めず、賠償責任を否定。22日付の最高裁決定も裁判官5人一致の意見として原告側の上告を退けた。

このうち宇賀克也裁判官（学者出身）と、職務で旧姓を使っている渡辺恵理子裁判官（弁護士出身）は、民法と戸籍法の規定は憲法24条に違反するとの意見を表明した。

渡辺裁判官は21年7月の就任。夫婦同姓を巡り初めて法的判断を示した。

渡辺裁判官は、規定は従来の姓を変えるか法律婚を断念するかの二者択一を迫るもので「婚姻の自由を制約することは明らかだ」と指摘。17年の内閣府調査で選択的夫婦別姓の容認派が10～20代、30代、40代でいずれも50％程度だった状況から「家族制度の維持という名のもとでの制約が彼らの世代の将来にとって足かせとならないようにすべきだ」と言及した。

一方、過去に最高裁大法廷が規定を合憲とする判断を示した経緯などを踏まえ、「国会が正当な理由なく立法措置を怠るなど、職務上の法的義務に違反したとまではいえない」として、国家賠償法上の責任は負わないとした。

宇賀裁判官は21年6月の最高裁決定でも「（民法などの規定は）不当な国家介入にあたる」として違憲だと結論づけた。今回の決定では判断理由を改めて示すことはなかった。

夫婦同姓規定を巡り、最高裁裁判官が違憲判断の個別意見をつけた事例

大法廷判決（2015年12月）	15人のうち弁護士出身３人、学者出身１人、行政官出身１人の計５人が違憲判断
大法廷決定（21年６月）	15人のうち検察官出身１人、弁護士出身２人、学者出身１人の計４人が違憲判断
第３小法廷決定（22年３月）	５人のうち渡辺恵理子裁判官（弁護士出身）、宇賀克也裁判官（学者出身）が違憲判断

日経22・3・24

●その他／議会

地方議員「費用弁償」見直し

通費名目 実費上回り一律支給

ロナ禍 市民の目厳しく

地方議員が本会議や委員会に出席した際、主に交通費名目で支給される「費用弁償」を見直す動きが広がっている。支給額が実費を上回ることも多く、以前から議員報酬や政務活動費とは別の「第3の報酬」とも指摘されてきた。コロナ禍が生活を直撃する中、市民から「議員特権」との批判が強まり、議会側も見直しを迫られた形だ。

（大背戸将）

■マイカー登庁でも

「不透明なお金だと言われれば、確かにその通りだ」

神戸市のある男性市議はそう認める。公務の日、自宅から同じ中央区内にある市役所までバスで登庁している。往復のバス代は420円。しかし、これまで受け取ってきたのは1日あたり3000円だ。

同市では、本会議や委員会の開催日には議員全員

費用弁償を巡る主な動き

2006年	大阪市議会が日額1万円の一律支給を廃止
07年	横浜市議会が日額1万円の一律支給を廃止。13年に居住地ごとに日額1000～3000円支給する形で復活
	佐賀県上峰町議会が日額1000円の一律支給を廃止。議会側は16年、財政状況が改善したとして日額2000円で復活させる改正条例案を議員提案したが、町側の反発を受けて撤回
11年	京都市議会が日額5000円の一律支給を廃止
17年	東京都議会が居住地ごとに日額1万～1万2000円を支給していた制度を廃止し、島部選出の議員のみ実費支給する形に変更
21年	神戸市議会が居住地ごとに日額3000～5000円を支給していた制度を実費支給に変更

うち9割は市役所の議員用駐車場の利用登録をしており、マイカーで登庁している議員も多い。

こうした状況で2020年11月、市民から「コロナ禍で生活に困窮する人がいる中で理解しがたい」と制度の見直しを求める陳情が寄せられ、市議会が検討を開始。昨年9月、費用弁償を実費支給に切り替える改正条例案を可決し、11月から施行された。

■二重取り

各自治体は交通費を想定し、支給額や支給方法を条例で定めている。

しかし、01年、政策の調査・研究に充てられる政務調査費（現在の政務活動費）が導入されたことで「報酬の二重取り」との批判が強まり、大阪市や京都市、札幌市などは費用弁償をすでに廃止している。

さらに新型コロナウイルスの流行が始まった20年以降、費用弁償に対する市民の目線は厳しさを増し、見直しの動きが相次いでい

内の移動で2000円は必要ない」とする陳情が住民からあり、昨年6月から支給を2年間凍結している。

居住地に応じて日額6400～1万3600円を支給する山口県議会では、公用車で登庁する正副議長らにも支給されていることに批判が集中。見直しに向けた議論を昨年9月から始めており、今年中に結論を出すという。

神戸や尼崎など兵庫県内の5市で構成する一部事務組合「阪神水道企業団」の企業団議会も実費支給に変更する方針だ。各市議会から選ばれた議員計15人には月額報酬とは別に、費用弁償が1日5000円支給されている。市民団体が実費支給への変更を求めたことを受けて昨年から見直しの検討を始めており、3月中に条例を改正し、5月から施行される見通しだ。

■全国で支給4割

一方で、制度を続けている自治体も少なくない。

横浜市は07年、行財政改革などを理由に日額1万円の支給を廃止したが、13年

札幌市議会が1日1万円の費用弁償を支給していた当時、市民が市に返還請求するよう求めた訴訟では、10年に最高裁が「職責を果たすための準備などで諸雑費がかかる場合があり得る」と判断し、請求を棄却した。こうした事例もあり、交通費を上回る金額を支給している自治体は多く、広島市は1日5000～8000円を支給している。

全国市議会議長会によると、20年末時点で調査した815市のうち、不支給は459市（56・3%）。支給しているのは351市（43・1%）で、このうち実費支給は7市（0・9%）にとどまっていた。

透明性確保 実費が妥当

江藤俊昭・大正大教授（地方自治）の話「費用弁償は、地方議員が無報酬だった戦前、日当の意味合いで支給されてきた。議員報酬が支払われる現代では、議会側は市民の理解が得られる範囲の支給額に改める必要がある。国会議員の文書通信交通滞在費や地方議

に、居住する行政区ごとに1日3000～5000円の「費用弁償」を支給してきた。市議会の定数は69。

交 コ

読売22・3・20

地方自治法は、地方議員は「職務を行うために要する費用弁償を受けることができる」と規定しており、

る。東京都目黒区は、区議に一律2000円を支給していたが、一昨年8月に「区

には「居住地によっては交通費の負担が大きい」として復活させ、居住地に応じ1日1000～3000円を支給している。

員の政務活動費など政治とカネの問題を巡っては使途の透明性が求められており、社会常識に照らせば実費支給が妥当だ」

毎日22・3・23

公示地価2年ぶり上昇

全国平均 住宅・店舗の取引回復

国土交通省が22日発表した公示地価（2022年1月1日時点）は、全用途の全国平均が前年比プラス0・6％となり、2年ぶりに上昇に転じた。住宅地はプラス0・5％、商業地はプラス0・4％だった。新型コロナウイルス禍の影響が徐々に薄れ、都市部を中心に住宅や店舗・マンション用地などの取引が回復し、地価を押し上げた。

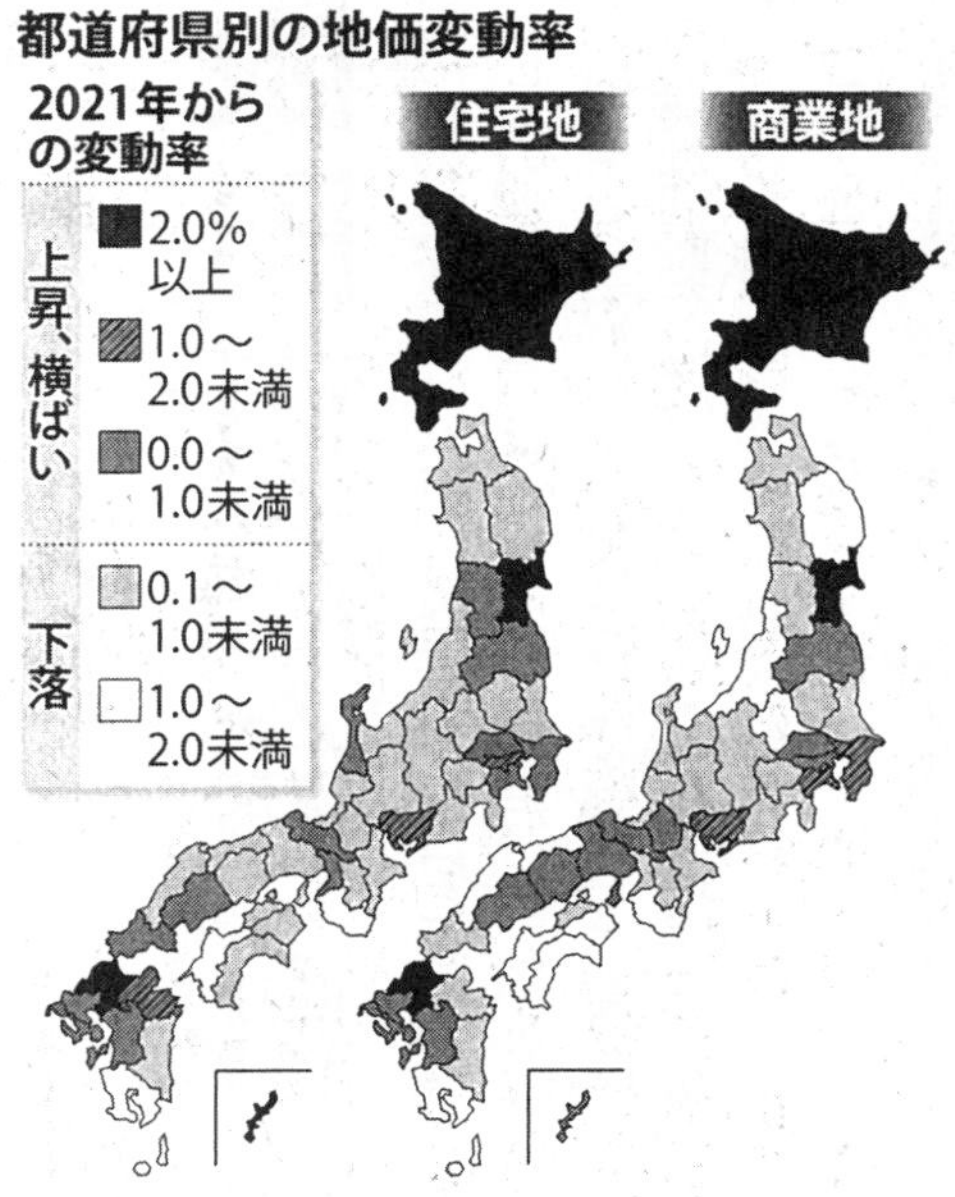

住宅地は東京、大阪、名古屋の3大都市圏、地方圏ともにプラス0・5％。地方圏の上昇は札幌、仙台、広島、福岡の4市がプラス5・8％となったことが要因で、4市を除く地方圏はマイナス0・1％だった。下落率は21年のマイナス0・6％から縮小した。

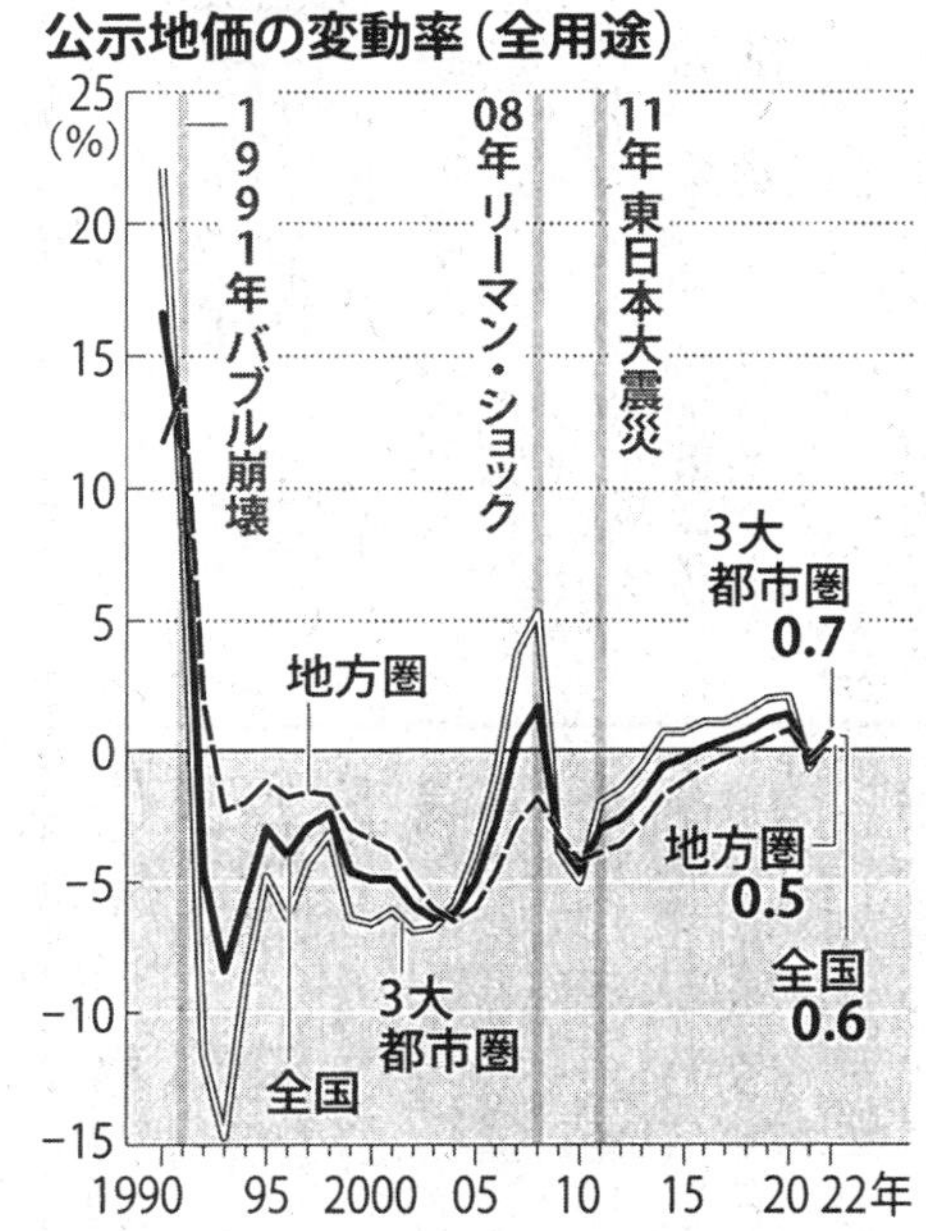

公示地価が最高価格になった山野楽器銀座本店（中央）＝東京都中央区で17日、前田梨里子撮影

調査はオミクロン株の感染拡大が深刻化する前だったため、景況感の改善が住宅需要を押し上げた。人気が高い都心部のほか、在宅勤務の拡大で周辺部にも上昇傾向が広がった。

商業地は3大都市圏がプラス0・7％、地方圏がプラス0・2％（4市を除くとマイナス0・5％）。3大都市圏のうち、大阪だけが前年比横ばいだった。鉄道の駅から徒歩圏内の繁華街や再開発エリア、地方の商業地などで上昇地点が拡大した一方で、観光需要の回復の遅れから観光地や飲食店街などでは下落傾向が続いている。

上昇率トップは商業地、住宅地ともに北海道北広島市。札幌市内の高騰で隣接する北広島市など周辺の需要も高まり、上昇率は住宅地で26％、商業地で19・6％に達した。住宅地では全国の上昇率トップ100のうち96地点が札幌市周辺を中心とした北海道内が占めた。下落率トップは大阪市中央区道頓堀1の商業地でマイナス15・5％だった。

全国の最高価格は16年連続で東京都中央区銀座4の「山野楽器銀座本店」（商業地）だった。1平方㍍当たりの価格は5300万円で、前年に比べ60万円下がった。住宅地の最高価格は東京都港区赤坂1の同500万円だった。【中津川甫】

飯田市議会「自己評価」へ

飯田市議会（定数23）は23日、議会としての理想像を明確にした上で、住民との対話や政策立案など必要な活動をどこまで達成できているか自己評価する仕組みを2022年度から導入すると明らかにした。議会改革に熱心な全国の議会や、地方自治の専門家でつくる研究会が20年に構築した仕組み。研究会によると、導入するのは福島県会津若松市議会に続き飯田市議会が全国で2例目となる。

23年3月、導入したことによる成果を発表する予定。ちょうど4年に一度の統一地方選の時期に重なり、注目を集めそうだ。

導入するのは「地方議会評価モデル」。まず、議会の理想的な姿やそれを実現するための課題を明確にする「議会プロフィル」を作成する。課題解決に向け議会運営の見直しなどをした後、全15項目についてどこまで実現できているかを3段階で自己評価する。評価項目には政策課題の明確化、議員間の討議、議員らの能力向上、情報公開と説明責任などがある。自己評価の結果を踏まえ、さらに必要な改革を進める。

研究会には飯田市、会津若松市、岐阜県可児市などの全国13議会が参加し、大正大の江藤俊昭教授（地域政治論）が座長、元三重県知事で早稲田大マニフェスト研究所顧問の北川正恭氏が顧問を務める。

飯田市議会は今年7月に議会プロフィルを作り、8月に自己評価に着手する計画。この結果を、独自に議会改革の方向を示した「議会改革・運営ビジョン」（12年作成）の更新につなげる。23日に記者会見した井坪隆議長は「存在するだけでなく機能する議会とし、市民に『自分たちの議会』と思ってもらえるようにしたい」と述べた。

地方議会評価モデルの主な自己評価項目

（◎○▲の3段階で評価）

項目	具体的な内容
政策課題の明確化	情報をさまざまな観点から分析し、取り組むべき政策課題を明確化
住民との対話	意見交換や議会報告会を通じて、住民との対話を基に情報収集
政策立案・議案審査	調査活動などを通じて独自の視点で政策立案し、執行機関の監視機能を発揮
能力向上	議員と議会事務局職員が必要な能力の向上に取り組む
情報公開と説明責任	議会活動全般の情報公開は、説明責任を果たすものとなっている
危機管理	大災害などの非常時でも議会が有効に機能するための準備をしている
振り返りの取り組み方	議会全体で定期的な議会活動の振り返りをしている

信毎（長野）22・3・24

徳島22・3・21

吉野川市議会

市議の職員へのハラスメント

禁止条例制定へ

吉野川市議会は、市議による市職員へのハラスメント（嫌がらせ）を防止するための条例を制定する。22日の3月定例会閉会日に議員提案し、可決される見通し。議会事務局によると、制定は県内市町村議会では初めて。

名称は「吉野川市議会議員による職員に対するハラスメントに関する条例」。前文は「議員による職員に対するあらゆるハラスメントの根絶と未然防止を決意し、この条例を制定する」とし、議員の責務、防止策、議会の措置などからなる。

議員はハラスメントに関する調査に積極的に協力したり、議会が研修などを実施したりしなければならないなどと定める。市長から事案の報告があったときは、議会が必要な措置を講じるよう求めている。

市議会では昨年8月、元公民館館長から、市議による人事介入や暴言があったなどとする申立書が出され、政治倫理審査特別委員会で審査。議員政治倫理条例違反と断定するのは困難と結論付けたものの、今後ハラスメントが起きないよう、条例を制定することにした。

議員政治倫理条例の倫理基準にハラスメントを規定している他の議会があることから、吉野川市議会では「別条例は必要ないのではないか」と制定に慎重な意見もあったが、政治倫理条例の見直しには時間を要するため、新たな条例を設けることにした。倫理条例の見直しも進める。

県外の市区町村議会では、埼玉県川越市や東京都世田谷区、福岡県中間市などが議員による職員へのハラスメント防止の条例を制定している。

（城福章裕）

3月の主な選挙結果

▽知事選

13日	石川	馳　浩	60無新①[維]

▽市長選

6日	※久慈（岩手）	遠藤　譲一	68無現③
	奥州（岩手）	倉成　淳	65無新①
	洲本（兵庫）	上崎　勝規	66無新①
13日	金沢	村山　卓	49無新①[自]
	輪島（石川）	坂口　茂	65無新①
	美作（岡山）	萩原　誠司	65無現④
	宮若（福岡）	塩川　秀敏	73無新①
	※合志（熊本）	荒木　義行	63無現④[自][公]
20日	※下妻（茨城）	菊池　博	59無現②[公]
	大田原（栃木）	相馬　憲一	64無新①
	戸田（埼玉）	菅原　文仁	46無現②
	※木更津（千葉）	渡辺　芳邦	57無現③[自][公]
	橋本（和歌山）	平木　哲朗	64無現③
27日	市川（千葉）	田中　甲	65無新①
	中央（山梨）	望月　智	60無新①
	上田（長野）	土屋　陽一	65無現②
	西宮（兵庫）	石井登志郎	50無現②
	鳥取	深沢　義彦	69無現③[自][公]
	倉吉（鳥取）	広田　一恭	63無新①[自][立][公]
	香美（高知）	依光晃一郎	44無新①[自]
	※宇土（熊本）	元松　茂樹	57無現④

＜注＞日付は投票日。※は無投票当選確定日。当選者名、年齢（投票日時点）、党派、現新の別、当選回数の順。四角囲み文字は推薦・支持政党。

毎日22・3・30